本书编委会

顾　　问　黄洁夫

主　　编　郭燕红　赵　宁　边　晓

副 主 编　高光明　梁金霞　郭建阳　侯峰忠　赵洪涛

编　　委（按姓氏笔画排序）

王学浩　王海波　韦　潇　申卫星　叶啟发

付文豪　朱志强　刘　文　刘瑞森　杜　冰

杜青阳　李　冰　冷婷婷　张　旭　陈静瑜

苗慧波　郇　波　郑树森　郑　哲　屈晓娟

赵国光　胡　军　胡盛寿　姜　俊　夏　强

高新强　高新谱　郭未艾　黄　欣　黄　茜

董家鸿　蒲　苗　窦科峰　慕　强　熊天威

翟少东　翟晓梅　樊　嘉　薛武军

中华人民共和国法律释义丛书

人体器官捐献和移植条例

释 义

国家卫生健康委员会医疗应急司 ◎ **组织编写**

中国民主法制出版社

图书在版编目（CIP）数据

《人体器官捐献和移植条例》释义／国家卫生健康委员会医疗应急司组织编写. —北京：中国民主法制出版社，2024.5

ISBN 978 - 7 - 5162 - 3636 - 9

Ⅰ.①人… Ⅱ.①国… Ⅲ.①器官捐献 – 条例 – 中国②人体器官 – 移植术（医学） – 条例 – 中国 Ⅳ.①D922.16

中国国家版本馆 CIP 数据核字（2024）第 089912 号

图书出品人：刘海涛
责 任 编 辑：贾萌萌
图 书 策 划：刘　卫

书　　　名／《人体器官捐献和移植条例》释义
作　　　者／国家卫生健康委员会医疗应急司　组织编写

出版·发行／中国民主法制出版社
地址／北京市丰台区右安门外玉林里 7 号（100069）
电话／010 – 57258080　57514499（系统发行）　63292520（编辑室）
传真／010 – 84815841
http：//www. npcpub. com
E-mail：mzfz@ npcpub. com
经销／新华书店
开本／16 开　710 毫米 ×1000 毫米
印张／18.5　　字数／267 千字
版本／2024 年 7 月第 1 版　　2024 年 7 月第 1 次印刷
印刷／北京飞帆印刷有限公司

书号／ISBN 978 - 7 - 5162 - 3636 - 9
定价／68.00 元

前　　言

人体器官捐献和移植是人间大爱善行，关系人民群众生命健康，关系生命伦理和社会公平正义，是国家医学发展和社会文明进步的重要标志。党中央、国务院高度重视人体器官捐献和移植事业，2007 年国务院颁布实施《人体器官移植条例》，对促进我国人体器官捐献和移植事业健康发展发挥了重要作用，我国逐步建立起科学公正、遵循伦理、符合国情的器官捐献和移植工作体系。近年来，人体器官捐献和移植工作面临一些新情况、新问题、新形势，为更好地保障器官捐献和移植事业健康发展，在总结实践经验的基础上，对《人体器官移植条例》进行了修订，形成了《人体器官捐献和移植条例》（以下简称《条例》），自 2024 年 5 月 1 日起施行。

《条例》的实施，是践行习近平新时代中国特色社会主义思想和党的二十大精神的具体举措，是彰显"人民至上、生命至上"的使命担当，是弘扬社会主义核心价值观的实践要求，对深化医药卫生体制改革、加快推进健康中国建设、推进社会主义精神文明建设，具有十分重要的意义。为了帮助大家更好地学习《条例》，准确把握和运用《条例》中规定的原则和法律制度，做好《条例》的贯彻落实工作，国家卫生健康委员会医疗应急司组织编写了这本释义。本书力求简明扼要、通俗易懂，便于准确把握立法原意。

国家卫生健康委员会医疗应急司
2024 年 5 月

目　　录

附录二

中华人民共和国国务院令

第 767 号

━━━━━━━━━━━━━━━━━━━━━━━━━━━

　　《人体器官捐献和移植条例》已经 2023 年 10 月 20 日国务院第 17 次常务会议通过，现予公布，自 2024 年 5 月 1 日起施行。

总　理　李　强

2023 年 12 月 4 日

人体器官捐献和移植条例

第一章 总 则

第一条 为了规范人体器官捐献和移植，保证医疗质量，保障人体健康，维护公民的合法权益，弘扬社会主义核心价值观，制定本条例。

第二条 在中华人民共和国境内从事人体器官捐献和移植，适用本条例；从事人体细胞和角膜、骨髓等人体组织捐献和移植，不适用本条例。

本条例所称人体器官捐献，是指自愿、无偿提供具有特定生理功能的心脏、肺脏、肝脏、肾脏、胰腺或者小肠等人体器官的全部或者部分用于移植的活动。

本条例所称人体器官移植，是指将捐献的人体器官植入接受人身体以代替其病损器官的活动。

第三条 人体器官捐献和移植工作坚持人民至上、生命至上。国家建立人体器官捐献和移植工作体系，推动人体器官捐献，规范人体器官获取和分配，提升人体器官移植服务能力，加强监督管理。

第四条 县级以上人民政府卫生健康部门负责人体器官捐献和移植的监督管理工作。县级以上人民政府发展改革、公安、民政、财政、市场监督管理、医疗保障等部门在各自职责范围内负责与人体器官捐献和移植有关的工作。

第五条 红十字会依法参与、推动人体器官捐献工作，开展人体器官捐献的宣传动员、意愿登记、捐献见证、缅怀纪念、人道关怀等工作，加强人体器官捐献组织网络、协调员队伍的建设和管理。

第六条 任何组织或者个人不得以任何形式买卖人体器官，不得从事与买卖人体器官有关的活动。

第七条 任何组织或者个人对违反本条例规定的行为，有权向卫生健康部门和其他有关部门举报；对卫生健康部门和其他有关部门未依法履行监督管理职责的行为，有权向本级人民政府、上级人民政府有关部门举报。接到举报的人民政府、卫生健康部门和其他有关部门对举报应当及时核实、处理，对实名举报的，应当将处理结果向举报人通报。

第二章　人体器官的捐献

第八条 人体器官捐献应当遵循自愿、无偿的原则。

公民享有捐献或者不捐献其人体器官的权利；任何组织或者个人不得强迫、欺骗或者利诱他人捐献人体器官。

第九条 具有完全民事行为能力的公民有权依法自主决定捐献其人体器官。公民表示捐献其人体器官的意愿，应当采用书面形式，也可以订立遗嘱。公民对已经表示捐献其人体器官的意愿，有权予以撤销。

公民生前表示不同意捐献其遗体器官的，任何组织或者个人不得捐献、获取该公民的遗体器官；公民生前未表示不同意捐献其遗体器官的，该公民死亡后，其配偶、成年子女、父母可以共同决定捐献，决定捐献应当采用书面形式。

第十条　任何组织或者个人不得获取未满18周岁公民的活体器官用于移植。

第十一条　活体器官的接受人限于活体器官捐献人的配偶、直系血亲或者三代以内旁系血亲。

第十二条　国家加强人体器官捐献宣传教育和知识普及，促进形成有利于人体器官捐献的社会风尚。

新闻媒体应当开展人体器官捐献公益宣传。

第十三条　国家鼓励遗体器官捐献。公民可以通过中国红十字会总会建立的登记服务系统表示捐献其遗体器官的意愿。

第十四条　红十字会向遗体器官捐献人亲属颁发捐献证书，动员社会各方力量设置遗体器官捐献人缅怀纪念设施。设置遗体器官捐献人缅怀纪念设施应当因地制宜、注重实效。

中国红十字会总会、国务院卫生健康部门应当定期组织开展遗体器官捐献人缅怀纪念活动。

第三章　人体器官的获取和移植

第十五条　医疗机构从事遗体器官获取，应当具备下列条件：

（一）有专门负责遗体器官获取的部门以及与从事遗体器官获取相适应的管理人员、执业医师和其他医务人员；

（二）有满足遗体器官获取所需要的设备、设施和技术能力；

（三）有符合本条例第十八条第一款规定的人体器官移植伦理委员会；

（四）有完善的遗体器官获取质量管理和控制等制度。

从事遗体器官获取的医疗机构同时从事人体器官移植的，负责遗体器官获取的部门应当独立于负责人体器官移植的科室。

第十六条 省、自治区、直辖市人民政府卫生健康部门根据本行政区域遗体器官捐献情况，制定遗体器官获取服务规划，并结合医疗机构的条件和服务能力，确定本行政区域从事遗体器官获取的医疗机构，划定其提供遗体器官获取服务的区域。

从事遗体器官获取的医疗机构应当在所在地省、自治区、直辖市人民政府卫生健康部门划定的区域内提供遗体器官获取服务。

医疗机构发现符合捐献条件且有捐献意愿的潜在遗体器官捐献人的，应当向负责提供其所在区域遗体器官获取服务的医疗机构报告，接到报告的医疗机构应当向所在地省、自治区、直辖市红十字会通报。

任何组织或者个人不得以获取遗体器官为目的跨区域转运潜在遗体器官捐献人，不得向本条第三款规定之外的组织或者个人转介潜在遗体器官捐献人的相关信息。

第十七条 获取遗体器官前，负责遗体器官获取的部门应当向其所在医疗机构的人体器官移植伦理委员会提出获取遗体器官审查申请。

第十八条 人体器官移植伦理委员会由医学、法学、伦理学等方面专家组成，委员会中从事人体器官移植的医学专家不超过委员人数的四分之一。人体器官移植伦理委员会的组成和工作规则，由国务院卫生健康部门制定。

人体器官移植伦理委员会收到获取遗体器官审查申请后，应当及时对下列事项进行审查：

（一）遗体器官捐献意愿是否真实；

（二）有无买卖或者变相买卖遗体器官的情形。

经三分之二以上委员同意，人体器官移植伦理委员会方可出具同意获取遗体器官的书面意见。人体器官移植伦理委员会同意获取的，医疗机构方可获取遗体器官。

第十九条 获取遗体器官，应当在依法判定遗体器官捐献人死亡后进行。从事人体器官获取、移植的医务人员不得参与遗体器官捐献人的死亡判定。

获取遗体器官，应当经人体器官捐献协调员见证。获取遗体器官前，从事遗体器官获取的医疗机构应当通知所在地省、自治区、直辖市红十字会。接到通知的红十字会应当及时指派 2 名以上人体器官捐献协调员对遗体器官获取进行见证。

从事遗体器官获取的医疗机构及其医务人员应当维护遗体器官捐献人的尊严；获取器官后，应当对遗体进行符合伦理原则的医学处理，除用于移植的器官以外，应当恢复遗体外观。

第二十条 遗体器官的分配，应当符合医疗需要，遵循公平、公正和公开的原则。具体办法由国务院卫生健康部门制定。

患者申请人体器官移植手术，其配偶、直系血亲或者三代以内旁系血亲曾经捐献遗体器官的，在同等条件下优先排序。

第二十一条 遗体器官应当通过国务院卫生健康部门建立的分配系统统一分配。从事遗体器官获取、移植的医疗机构应当在分配系统中如实录入遗体器官捐献人、申请人体器官移植手术患者的相关医学数据并及时更新，不得伪造、篡改数据。

医疗机构及其医务人员应当执行分配系统分配结果。禁止医疗机构及其医务人员使用未经分配系统分配的遗体器官或者来源不明的人体器官实施人体器官移植。

国务院卫生健康部门应当定期公布遗体器官捐献和分配情况。

第二十二条 国务院卫生健康部门会同国务院公安、交通运输、铁路、民用航空等部门和中国红十字会总会建立遗体器官运送绿色通道工作机制，确保高效、畅通运送遗体器官。

第二十三条 医疗机构从事人体器官移植，应当向国务院卫生健康部门提出申请。国务院卫生健康部门应当自受理申请之日起 5 个工作日内组织专家评审，于专家评审完成后 15 个工作日内作出决定并书面告知申请人。国务院卫生健康部门审查同意的，通知申请人所在地省、自治区、直辖市人民政府卫生健康部门办理人体器官移植诊疗科目登记，在申请人的执业许可证上注明获准从事的人体器官移植诊疗科目。具体办法由国务院卫生健康部门制定。

医疗机构从事人体器官移植，应当具备下列条件：

（一）有与从事人体器官移植相适应的管理人员、执业医师和其他医务人员；

（二）有满足人体器官移植所需要的设备、设施和技术能力；

（三）有符合本条例第十八条第一款规定的人体器官移植伦理委员会；

（四）有完善的人体器官移植质量管理和控制等制度。

第二十四条 国务院卫生健康部门审查医疗机构的申请，除依据本条例第二十三条第二款规定的条件外，还应当考虑申请人所在省、自治区、直辖市人体器官移植的医疗需求、现有服务能力和人体器官捐献情况。

省、自治区、直辖市人民政府卫生健康部门应当及时公布已经办理人体器官移植诊疗科目登记的医疗机构名单。

第二十五条 已经办理人体器官移植诊疗科目登记的医疗机构不再具备本条例第二十三条第二款规定条件的，应当停止从事人体器官移植，并向原登记部门报告。原登记部门应当自收到报告之日起 2 个工作日内注销该医疗机构的人体器官移植诊疗科目登记，向国务院卫生健康部门报告，并予以公布。

第二十六条　省级以上人民政府卫生健康部门应当建立人体器官移植质量管理和控制制度，定期对医疗机构的人体器官移植技术临床应用能力进行评估，并及时公布评估结果；对评估不合格的，国务院卫生健康部门通知原登记部门注销其人体器官移植诊疗科目登记。具体办法由国务院卫生健康部门制定。

第二十七条　实施人体器官移植手术的执业医师应当具备下列条件，经省、自治区、直辖市人民政府卫生健康部门认定，并在执业证书上注明：

（一）有与实施人体器官移植手术相适应的专业技术职务任职资格；

（二）有与实施人体器官移植手术相适应的临床工作经验；

（三）经培训并考核合格。

第二十八条　移植活体器官的，由从事人体器官移植的医疗机构获取活体器官。获取活体器官前，负责人体器官移植的科室应当向其所在医疗机构的人体器官移植伦理委员会提出获取活体器官审查申请。

人体器官移植伦理委员会收到获取活体器官审查申请后，应当及时对下列事项进行审查：

（一）活体器官捐献意愿是否真实；

（二）有无买卖或者变相买卖活体器官的情形；

（三）活体器官捐献人与接受人是否存在本条例第十一条规定的关系；

（四）活体器官的配型和接受人的适应证是否符合伦理原则和人体器官移植技术临床应用管理规范。

经三分之二以上委员同意，人体器官移植伦理委员会方可出具同意获取活体器官的书面意见。人体器官移植伦理委员会同意获取的，医疗机构方可获取活体器官。

第二十九条 从事人体器官移植的医疗机构及其医务人员获取活体器官前，应当履行下列义务：

（一）向活体器官捐献人说明器官获取手术的风险、术后注意事项、可能发生的并发症及其预防措施等，并与活体器官捐献人签署知情同意书；

（二）查验活体器官捐献人同意捐献其器官的书面意愿、活体器官捐献人与接受人存在本条例第十一条规定关系的证明材料；

（三）确认除获取器官产生的直接后果外不会损害活体器官捐献人其他正常的生理功能。

从事人体器官移植的医疗机构应当保存活体器官捐献人的医学资料，并进行随访。

第三十条 医疗机构及其医务人员从事人体器官获取、移植，应当遵守伦理原则和相关技术临床应用管理规范。

第三十一条 医疗机构及其医务人员获取、移植人体器官，应当对人体器官捐献人和获取的人体器官进行医学检查，对接受人接受人体器官移植的风险进行评估，并采取措施降低风险。

第三十二条 从事人体器官移植的医疗机构实施人体器官移植手术，除向接受人收取下列费用外，不得收取或者变相收取所移植人体器官的费用：

（一）获取活体器官、切除病损器官、植入人体器官所发生的手术费、检查费、检验费等医疗服务费以及药费、医用耗材费；

（二）向从事遗体器官获取的医疗机构支付的遗体器官获取成本费用。

遗体器官获取成本费用，包括为获取遗体器官而发生的评估、维护、获取、保存、修复和运送等成本。遗体器官获取成本费用的收费原则由国务院卫生健康部门会同国务院发展改革、财政、医疗保障等部门制定，具体收费标准由省、自治区、直辖市人民政府卫生健康部门会同同级发展改革、财政、医疗保障等部门制定。

从事遗体器官获取的医疗机构应当对遗体器官获取成本费用进行单独核算。

第三十三条　人体器官捐献协调员、医疗机构及其工作人员应当对人体器官捐献人、接受人和申请人体器官移植手术患者的个人信息依法予以保护。

第三十四条　国家建立人体器官获取、移植病例登记报告制度。从事人体器官获取、移植的医疗机构应当将实施人体器官获取、移植的情况向所在地省、自治区、直辖市人民政府卫生健康部门报告。

第四章　法律责任

第三十五条　国家健全行政执法与刑事司法衔接机制，依法查处人体器官捐献和移植中的违法犯罪行为。

第三十六条　违反本条例规定，有下列情形之一，构成犯罪的，依法追究刑事责任：

（一）组织他人出卖人体器官；

（二）未经本人同意获取其活体器官，或者获取未满18周岁公民的活体器官，或者强迫、欺骗他人捐献活体器官；

（三）违背本人生前意愿获取其遗体器官，或者本人生前未表示同意捐献其遗体器官，违反国家规定，违背其配偶、成年子女、父母意愿获取其遗体器官。

医务人员有前款所列情形被依法追究刑事责任的，由原执业注册部门吊销其执业证书，终身禁止其从事医疗卫生服务。

第三十七条 违反本条例规定，买卖人体器官或者从事与买卖人体器官有关活动的，由县级以上地方人民政府卫生健康部门没收违法所得，并处交易额 10 倍以上 20 倍以下的罚款；医疗机构参与上述活动的，还应当由原登记部门吊销该医疗机构的人体器官移植诊疗科目，禁止其 10 年内从事人体器官获取或者申请从事人体器官移植，并对负有责任的领导人员和直接责任人员依法给予处分，情节严重的，由原执业登记部门吊销该医疗机构的执业许可证或者由原备案部门责令其停止执业活动；医务人员参与上述活动的，还应当由原执业注册部门吊销其执业证书，终身禁止其从事医疗卫生服务；构成犯罪的，依法追究刑事责任。

公职人员参与买卖人体器官或者从事与买卖人体器官有关活动的，依法给予撤职、开除处分；构成犯罪的，依法追究刑事责任。

第三十八条 医疗机构未办理人体器官移植诊疗科目登记，擅自从事人体器官移植的，由县级以上地方人民政府卫生健康部门没收违法所得，并处违法所得 10 倍以上 20 倍以下的罚款，禁止其 5 年内从事人体器官获取或者申请从事人体器官移植，并对负有责任的领导人员和直接责任人员依法给予处分，对有关医务人员责令暂停 1 年执业活动；情节严重的，还应当由原执业登记部门吊销该医疗机构的执业许可证或者由原备案部门责令其停止执业活动，并由原执业注册部门吊销有关医务人员的执业证书。

医疗机构不再具备本条例第二十三条第二款规定的条件，仍从事人体器官移植的，由原登记部门没收违法所得，并处违法所得 5 倍以上 10 倍以下的罚款，吊销该医疗机构的人体器官移植诊疗科目，禁止其 3 年内从事人体器官获取或者申请从事人体器官移植，并对负有责任的领导人员和直接责任人员依法给予处分；情节严重的，还应当由原执业登记部门吊销该医疗机构的执业许可证，并对有关医务人员责令暂停 6 个月以上 1 年以下执业活动。

第三十九条 医疗机构安排不符合本条例第二十七条规定的人员实施人体器官移植手术的，由县级以上地方人民政府卫生健康部门没收违法所得，并处 10 万元以上 50 万元以下的罚款，由原登记部门吊销该医疗机构的人体器官移植诊疗科目，禁止其 3 年内从事人体器官获取或者申请从事人体器官移植，并对负有责任的领导人员和直接责任人员依法给予处分；情节严重的，还应当由原执业登记部门吊销该医疗机构的执业许可证；对有关人员，依照有关医师管理的法律的规定予以处罚。

第四十条 医疗机构违反本条例规定，有下列情形之一的，由县级以上地方人民政府卫生健康部门没收违法所得，并处 10 万元以上 50 万元以下的罚款，对负有责任的领导人员和直接责任人员依法给予处分，对有关医务人员责令暂停 6 个月以上 1 年以下执业活动，并可以由原登记部门吊销该医疗机构的人体器官移植诊疗科目，禁止其 3 年内从事人体器官获取或者申请从事人体器官移植；情节严重的，还应当由原执业登记部门吊销该医疗机构的执业许可证或者由原备案部门责令其停止执业活动，并可以由原执业注册部门吊销有关医务人员的执业证书：

（一）不具备本条例第十五条第一款规定的条件从事遗体器官获取；

（二）未按照所在地省、自治区、直辖市人民政府卫生健康部门划定的区域提供遗体器官获取服务；

（三）从事人体器官获取、移植的医务人员参与遗体器官捐献人的死亡判定；

（四）未通过分配系统分配遗体器官，或者不执行分配系统分配结果；

（五）使用未经分配系统分配的遗体器官或者来源不明的人体器官实施人体器官移植；

（六）获取活体器官前未依照本条例第二十九条第一款的规定履行说明、查验、确认义务；

（七）以伪造、篡改数据等方式干扰遗体器官分配。

第四十一条　违反本条例规定，有下列情形之一的，由县级以上地方人民政府卫生健康部门没收违法所得，并处10万元以上50万元以下的罚款，对负有责任的领导人员和直接责任人员依法给予处分；医疗机构有下列情形之一的，还应当由原登记部门吊销该医疗机构的人体器官移植诊疗科目，禁止其3年内从事人体器官获取或者申请从事人体器官移植，情节严重的，由原执业登记部门吊销该医疗机构的执业许可证或者由原备案部门责令其停止执业活动；医务人员有下列情形之一的，还应当责令其暂停6个月以上1年以下执业活动，情节严重的，由原执业注册部门吊销其执业证书；构成犯罪的，依法追究刑事责任：

（一）以获取遗体器官为目的跨区域转运潜在遗体器官捐献人；

（二）违反本条例第十六条第四款规定，转介潜在遗体器官捐献人的相关信息；

（三）在人体器官捐献和移植中提供虚假材料。

第四十二条　医疗机构未经人体器官移植伦理委员会审查同意获取人体器官的，由县级以上地方人民政府卫生健康部门处20万元以上50万元以下的罚款，由原登记部门吊销该医疗机构的人体器官移植诊疗科目，禁止其3年内从事人体器官获取或者申请从事人体器官移植，并对负有责任的领导人员和直接责任人员依法给予处分；情节严重的，还应当由原执业登记部门吊销该医疗机构的执业许可证，并由原执业注册部门吊销有关医务人员的执业证书。

人体器官移植伦理委员会审查获取人体器官申请时违反伦理原则或者出具虚假审查意见的，对有关责任人员依法给予处分，由县级以上地方人民政府卫生健康部门终身禁止其从事医学伦理审查活动。

第四十三条 医疗机构违反本条例规定，有下列情形之一的，由县级以上地方人民政府卫生健康部门处 5 万元以上 20 万元以下的罚款，对负有责任的领导人员和直接责任人员依法给予处分；情节严重的，还应当由原登记部门吊销该医疗机构的人体器官移植诊疗科目，禁止其 1 年内从事人体器官获取或者申请从事人体器官移植，对有关医务人员责令暂停 6 个月以上 1 年以下执业活动：

（一）负责遗体器官获取的部门未独立于负责人体器官移植的科室；

（二）未经人体器官捐献协调员见证实施遗体器官获取；

（三）获取器官后，未依照本条例第十九条第三款的规定对遗体进行符合伦理原则的医学处理，恢复遗体外观；

（四）未依照本条例第三十四条的规定报告人体器官获取、移植实施情况。

第四十四条 医疗机构及其医务人员违反本条例规定，有下列情形之一的，依照有关医疗纠纷预防和处理、医疗事故处理的行政法规的规定予以处罚；构成犯罪的，依法追究刑事责任：

（一）未对人体器官捐献人或者获取的人体器官进行医学检查；

（二）未对接受人接受人体器官移植的风险进行评估并采取相

应措施;

（三）未遵守相关技术临床应用管理规范。

第四十五条 人体器官捐献协调员、医疗机构及其工作人员违反本条例规定，泄露人体器官捐献人、接受人或者申请人体器官移植手术患者个人信息的，依照法律、行政法规关于个人信息保护的规定予以处罚；构成犯罪的，依法追究刑事责任。

第四十六条 违反本条例第三十二条第一款规定收取费用的，依照有关价格、医疗保障基金管理的法律、行政法规的规定予以处罚。

第四十七条 人体器官捐献协调员违反本条例规定，有下列情形之一的，依法给予处分，由省、自治区、直辖市红十字会注销其人体器官捐献协调员工作证件，终身不得担任人体器官捐献协调员：

（一）接到指派后未对遗体器官获取进行见证；

（二）出具虚假见证意见。

第四十八条 公职人员在人体器官捐献和移植工作中滥用职权、玩忽职守、徇私舞弊的，依法给予处分；构成犯罪的，依法追究刑事责任。

第四十九条 违反本条例规定，给他人造成损害的，依法承担民事责任。

第五章　附　　则

第五十条 本条例自 2024 年 5 月 1 日起施行。《人体器官移植条例》同时废止。

释　义

第一章 总 则

第一条　为了规范人体器官捐献和移植，保证医疗质量，保障人体健康，维护公民的合法权益，弘扬社会主义核心价值观，制定本条例。

【释义】本条是关于《条例》的立法目的和宗旨的规定。此次修订将人体器官捐献放在更加突出的位置，并作为弘扬社会主义核心价值观的重要内容，体现了国家对人体器官捐献事业的重视和支持。

立法目的和宗旨是《条例》的核心，主要解决为什么要立法的问题，其内容贯穿于人体器官捐献和移植工作全过程，主要包括以下五个方面：

一、规范人体器官捐献和移植

人体器官捐献和移植关系人民群众生命健康，关系生命伦理和社会公平正义。稳妥有序开展器官捐献和移植，是一个国家医学发展和社会文明进步的重要标志，是保障人民根本利益、惠及民生的大事。2007 年国务院颁布实施的《人体器官移植条例》，对规范和促进器官捐献和移植事业发展发挥了重要作用。经过十多年的努力，我国逐步建立起科学公正、遵循伦理、符合国情的人体器官捐献和移植工作体系，捐献和移植数量快速增长、质量不断提升，人体器官捐献和移植工作现状较十多年前发生了重大变化。《条例》的修订旨在进一步规范人体器官捐献和移植工作，从全过程完善管理制度，保证人体器官捐献和移植各项工作在有效地监督管理下规范开展，在保证医疗质量和保障人体生命健康的同时，维护广大公民的合法权益。

二、保证医疗质量

医疗质量直接关系到人民群众的健康权益和对医疗服务的切身感受。持续改进质量，保障医疗安全，是医疗卫生事业改革和发展的重要内容和基础。人体器官移植技术作为一项专业性、技术性较高的医疗活动，与医疗质量和医疗安全直接相关。不同于其他医疗技术的是，人体器官移植技术需要使用来源于公民自愿捐献的可供移植器官，涉及一系列复杂的社会、伦理、法律等问题。因此，《条例》从医疗机构申请从事人体器官移植的准入制度、人体器官移植伦理委员会设立、转运绿色通道工作机制的建立、人体器官移植技术临床应用管理、人体器官移植质量管理和控制等全方位、全过程予以规定，最大限度地保障医疗质量和患者安全。

三、保障人体健康

习近平总书记在党的十九大报告中指出，人民健康是民族昌盛和国家富强的重要标志。《"健康中国2030"规划纲要》提出，要坚持以人民为中心的发展思想，坚持正确的卫生与健康工作方针，以提高人民健康水平为核心，全方位全周期维护和保障人民健康。人体器官移植技术是从事人体器官移植的医疗机构及其医务人员治疗器官衰竭患者的医学专业手段，是医疗服务的重要载体，是全方位全周期维护和保障人民健康的有效措施。

四、维护公民的合法权益

公民的合法权益包括人身权利、财产权利，以及其他合法权益。人体器官捐献和移植与其他医疗技术不同，不仅关系到公民的生命、健康权益，与公民身体、隐私等的人格权也密切相关。《条例》的修订旨在适应新形势的要求，从我国当前人体器官捐献和移植现状出发，完善人体器官捐献和移植全过程管理。保护公民的各项合法权益是《条例》修订的重要目的。

五、弘扬社会主义核心价值观

党的十八大报告指出，"倡导富强、民主、文明、和谐，倡导自由、平等、公正、法治，倡导爱国、敬业、诚信、友善，积极培育和践行社会主义核心价值观"。2018 年 5 月，中共中央印发《社会主义核心价值观融入法治建设立法修法规划》，强调要着力把社会主义核心价值观融入法律法规的立改废释全过程。党的二十大报告明确指出，"广泛践行社会主义核心价值观""把社会主义核心价值观融入法治建设"。

人体器官捐献和移植是挽救垂危生命、弘扬人间大爱的高尚事业，是彰显社会文明进步和公平正义的重要标志，是弘扬和践行社会主义核心价值观的具体举措，是保障人民根本利益、惠及民生的大事。《条例》中开宗明义地将人体器官捐献和移植作为弘扬社会主义核心价值观的重要内容，彰显了党中央、国务院对人体器官捐献和移植的重视和期望。

第二条　在中华人民共和国境内从事人体器官捐献和移植，适用本条例；从事人体细胞和角膜、骨髓等人体组织捐献和移植，不适用本条例。

本条例所称人体器官捐献，是指自愿、无偿提供具有特定生理功能的心脏、肺脏、肝脏、肾脏、胰腺或者小肠等人体器官的全部或者部分用于移植的活动。

本条例所称人体器官移植，是指将捐献的人体器官植入接受人身体以代替其病损器官的活动。

【释义】本条是对适用范围和人体器官捐献、人体器官移植概念的规定。此次修订明确了《条例》的适用范围，增加了人体器官捐献的定义。

一、适用范围

《条例》规定其适用范围为在中华人民共和国境内从事人体器官捐献和移植的相关部门、单位、机构和人员。我国人体器官移植优先满足中国公民（包括香港、澳门、台湾永久性居民）需要，医疗机构及其医务人员不得为以旅游名义到我国的外国公民实施人体器官移植。

《条例》仅适用于人体器官捐献和移植，而不适用于人体细胞和角膜、骨髓等人体组织捐献和移植。

二、人体器官捐献

此次修订增加了人体器官捐献相关定义，突出了以下三个方面：

（一）自愿、无偿

人体器官捐献应当遵循自愿、无偿的原则。《中华人民共和国民法典》第一千零六条第一款规定，完全民事行为能力人有权依法自主决定无偿捐献其人体细胞、人体组织、人体器官、遗体。任何组织或者个人不得强迫、欺骗、利诱其捐献。人体器官捐献必须遵循自愿、无偿的原则。

（二）捐献器官的种类

捐献器官包括具有生理功能的心脏、肺脏、肝脏、肾脏、胰腺或者小肠等，公民在决定器官捐献时，可以捐献部分或者全部器官。

（三）捐献器官的用途

捐献的器官应当以用于患者的移植活动为目的。

三、人体器官移植

人体器官移植，即植入捐献的人体器官整体或者部分，并需要进行器官所属血管及其他功能性管道结构重建的移植，包括心脏、肺脏、肝脏、肾脏、胰腺或者小肠，以及心肺、肝肾、胰肾联合移植等。根据本条规定，人体器官移植是指同种异体器官移植。

第三条 人体器官捐献和移植工作坚持人民至上、生命至上。国家建立人体器官捐献和移植工作体系，推动人体器官捐献，规范人体器官获取和分配，提升人体器官移植服务能力，加强监督管理。

【释义】本条是对人体器官捐献和移植工作指导思想和目标任务的规定。此次修订增加了人体器官捐献和移植工作坚持"人民至上、生命至上"的原则，进一步明确了人体器官捐献和移植工作体系的基本架构和主要任务。

党中央、国务院始终把保障人民健康放在优先发展的战略位置，不断完善人民健康促进政策，为人民群众提供全方位全周期健康服务，全面建立优质高效的医疗卫生服务体系。2020 年 5 月 22 日，习近平总书记在参加十三届全国人大三次会议内蒙古代表团审议时提出："人民至上、生命至上，保护人民生命安全和身体健康可以不惜一切代价。""人民至上、生命至上"就是要把人民生命安全和身体健康放在第一位，在人体器官捐献和移植事业中，我们要坚持"人民至上、生命至上"的指导原则。稳妥有序开展人体器官捐献和移植，是惠及民生、保障人民生命健康的重大举措，是坚持"人民至上、生命至上"的具体体现。

在党中央、国务院坚强领导下，广大器官捐献和移植工作者齐心协力、不懈奋斗，不断总结经验，形成了人体器官捐献和移植工作的基本思路，建立了科学公正、遵循伦理、符合国情的人体器官捐献和移植五大工作体系。

一、人体器官捐献体系

移植器官来源不足是目前世界各国都面临的问题，根据世界卫生组织的数据，每年全球器官移植总数不及总体需求的 10%，器官移植等待者远远多于可供移植的器官。为解决器官来源不足这一世界性难题，自 2010 年起，国家卫生健康委与中国红十字会总会密切协作，依据相关法律法规及两部门配套文件，立足于中国社会结构特点，建立了由中国红十字会作为第三方参与的人体器官捐献体系，充分依靠和发挥中国红十字会的自身优势，进行更为广泛的社会动员，加强专业化器官捐献协调员队伍建设，从源头上扩大器官供给。由此形成了"政府主导、部门协作、行业推动、社会支持"的工作格局，器官捐献的"中国模式"在探索中不断深化发展。

一是加强顶层设计。成立了中国人体器官捐献与移植委员会，对中国器官捐献和移植工作进行顶层设计，进一步加强人体器官捐献和移植工作组织领导，大力推进人体器官捐献工作。二是明确各方职责。县级以上卫生健康委负责辖区内人体器官捐献的监督管理工作。红十字会依法参与、推动人体器官捐献工作，开展人体器官捐献的宣传动员、意愿登记、捐献见证、缅怀纪念、人道关怀等工作，加强人体器官捐献组织网络、协调员队伍的建设和管理，截至 2023 年底，福建等 11 省（区、市）出台器官捐献地方性法规，天津等 30 个省（区、市）设立人体器官捐献管理机构。发展改革、公安、民政、财政、市场监督管理、医疗保障等部门在各自职责范围内负责与人体器官捐献和移植有关工作。三是形成多部门、全社会工作合力。近年来，政府各部门间的协作机制也逐步完善，多部门共同建立了人体捐献器官转运绿色通道的协调机制、捐献器官获取收费和财务管理制度等，为器官捐献和移植工作有序健康发展奠定更加坚实的基础。社会组织也多方参与，开展器官捐献宣传、推广捐献志愿登记、参与志愿服务、建设缅怀纪念场所、设立器官捐献与移植专项慈善基金项目等，对器官捐献理念的推广宣传起到了重要作用。2014 年 3 月 21 日正式上线的施予受器官捐献志愿者服务网是由原国家卫生计生委国际司、医管司指导成立的器官捐献志愿登记网站。2016 年 10 月起，中国器官移植发展基金会正式负责网站的运营管理，向社会各界推广器官捐献的理念，唤起公众对器官捐献的关注，增强公民参与器官捐献的意识，并为公民提供便捷器官捐献志愿登记方式、志愿服务、志愿权益等方面发挥重要作用。

为进一步完善人体器官捐献工作体系，形成全社会协同推动的合理，2024 年，国家卫生健康委联合国家发展改革委等 14 部门制定印发了《关于促进人体器官捐献工作健康发展的意见》，围绕促进人体器官捐献工作健康发展相关工作，细化了推动人体器官捐献工作健康发展的主要措施。

二、人体器官获取与分配体系

人体器官获取与分配是人体器官捐献和移植工作中承上启下的关键环节。经过多年不懈努力，我国已建成符合世界卫生组织《人体细胞、组织和器官移植指导原则》等国际通行原则的人体器官获取与分配制度体系。2013 年，原国家卫生计生委出台《人体捐献器官获取与分配管理规定（试行）》，明确了人体器官获取与分配有关工作要求，人体器官获取与分配体系初步建立。2019 年，国家卫生健康委在总结实践经验的基础上修订出台了《人体捐献器官获取与分配管理规定》，进一步规范人体器官获取与分配工作，完善人体器官获取与分配体系建设。

（一）在器官获取方面

各省级卫生健康行政部门根据覆盖全省、满足需要、唯一、就近的原则出台辖区内人体器官获取组织（Organ Procurement Organization，OPO）设置规划，成立相应数量的 OPO，合理划分 OPO 服务区域。根据本行政区域具体情况，截至 2023 年底，各地依托符合条件的医疗机构共成立 109 所 OPO，由外科医师、神经内外科医师、重症医学科医师及护士、人体器官捐献协调员等组成，开展器官捐献宣传、培训、器官获取、修复、维护、保存和转运等工作。2021 年，国家卫生健康委会同财政部等七部门联合印发了《人体捐献器官获取收费和财务管理办法（试行）》，规范了人体捐献器官获取收费管理和财务管理，建立了以成本补偿为基础的人体器官获取收费管理机制。

（二）在器官分配方面

2010 年，原卫生部印发了《中国人体器官分配与共享基本原则和肝脏与肾脏移植核心政策》。2018 年，国家卫生健康委将其修订为《中国人体器官分配与共享基本原则和核心政策》并发布实施，确定了我国器官分配的基本原则和核心政策。2013 年，中国人体器官分配与共享计算机系统（China Organ Transplant Response System，COTRS）正式启用，所有捐献器官必须通过 COTRS 进行分配，COTRS 严格遵循器官分配政策，以技术手段最大限度地排除人为干预，以患者病情紧急度和供受者匹配程度等国际公认的客观医学指标对患者进行排序，由计算机自动分配器官，确保遗体器官分配的公平、公正和可溯源性。同时，建立 COTRS 科学委员会，负责开展捐献分配政策研究与分析，并提出政策建议。国家卫生健康委通过制定完善一系列的政策措施，构建高效运转、规范有序的器官获取工作机制和科学公正的器官分配制度。

三、人体器官移植临床服务体系

器官移植技术被称为"医学皇冠上的明珠"，是医疗行业中专业性很强的一项技术。我国不断加强器官移植临床服务体系建设，增加器官移植技术资源，优化医疗资源布局，不断提高器官移植技术能力和水平，器官移植技术可及性明显提升。

（一）在人体器官移植临床服务方面

一是器官移植服务能力逐步提升。截至 2023 年底，我国共有器官移植医疗机构 188 家，其中，肝脏移植 118 家，肾脏移植 149 家，心脏移植 76 家，肺脏 60 家，胰腺移植 50 家，小肠移植 45 家。2023 年，完成器官移植手术 23905 例，较 2022 年增长 18%，数量位居全球第二、亚洲第一。

二是器官移植技术水平不断提高，国际上开展的器官移植技术我国均能开展，一些技术已达到国际先进水平。例如，肝脏移植技术方面，无缺血肝脏移植等技术实现突破，达到国际先进水平；肾脏移植技术方面，儿童肾脏移植技术达到国际领先水平，截至 2023 年底，已累计完成儿童肾脏移植 4000 余例；心脏移植技术方面，单中心心脏移植临床服务能力已居世界前列，2023 年我国有 2 家心脏移植医疗机构心脏移植例数超过了 100 例；肺脏移植技术方面，肺脏移植患者的围手术期及中长期生存率达到了国际水平。

三是器官维护和获取技术能力得到不断提升。将体外膜肺氧合（ECMO）相关技术应用于器官维护，大大保护了器官功能，提高了器官利用率。研发了具有自主知识产权的器官保存液，并已临床应用。同时，积极研发器官体外机械灌注修复技术和设备，与国际保持同步。

（二）在人体器官移植机构管理方面

器官移植不同于一般的医疗技术，其医疗风险、伦理风险较大，因此，《条例》对器官移植医疗机构实施严格的准入管理。当前，我国器官移植技术能力发展还存在不平衡、不充分的问题。区域层面，器官移植医疗机构数量分布不均，三分之二的器官移植医疗机构位于东部地区。学科层面，心脏、肺脏移植学科发展较为缓慢，具备心脏、肺脏移植能力的医疗机构及其开展的手术数量较少。一方面，根据当地器官移植医疗需求、移植技术和人才队伍水平、医疗机构管理能力等因素，确定发展规划进行合理布局。另一方面，推动优质资源的扩容，支持具有较强综合医疗能力、成熟开展器官移植技术、具备较强管理能力的医疗机构新增器官移植项目，提高人民群众接受器官移植服务的可及性。

（三）在人体器官移植医师管理方面

开展器官移植的医师需要具备特定条件和能力。截至 2023 年底，全国共有 2000 余名器官移植医师，与人民群众的器官移植服务需求相比还有一定差距，需要进一步加强器官移植医师的人才队伍建设。2016 年，原国家卫生计生委印发了《人体器官移植医师培训与认定管理办法》等文件，明确了器官移植医师执业资格认定的标准、流程和监督管理要求，建立了器官移植医师培训体系，明确了器官移植医师培训基地的基本条件和培训的组织形式、内容、考核标准等。为进一步完善人体器官移植技术临床应用管理和人体器官移植医师管理，2024 年，国家卫生健康委印发《人体器官移植技术临床应用管理规定》，进一步规范人体器官移植技术临床应用，细化人体器官移植医师培训和认定的基本要求，明确了人体器官移植医师培训基地的基本条件。

四、人体器官移植质量控制体系

器官移植医疗质量是关乎患者生命安危的大事，也是器官移植事业实现高质量发展的基础和前提。我国高度重视移植数据报告和管理，2007 年实施的《人体器官移植条例》规定"从事人体器官移植的医疗机构应当定期将实施人体器官移植的情况向所在地省、自治区、直辖市人民政府卫生主管部门报告"。国家先后成立了肝脏、肾脏、心脏、肺脏四个器官移植数据中心，收集分析各器官移植数据，为器官移植质量控制提供数据支撑，并在此基础上成立了器官移植质控中心。2019 年国家卫生健康委印发《人体器官捐献与移植数据管理办法》，规范器官捐献和移植数据上报和管理。近年来，国家卫生健康委将器官移植技术纳入全国医疗质量控制体系，依托国家和各省（区、市）质控中心，构建起了"国家—省级—医院"的三级器官移植质控体系。各质控中心负责开展器官移植专业医疗质量安全现状分析，制定质控规划、方案和措施；拟定器官移植专业质控指标、标准和管理要求，提出质量改进目标和策略；收集、分析数据，发布质控信息；组建全国质控工作网络，指导省级以下质控中心和器官移植医疗机构开展工作。2019 年国家卫生健康委印发了《人体器官获取组织质量控制指标》，2020 年印发了《人体器官移植技术临床应用管理规范（2020 年版）》和《肝脏、肾脏、心脏、肺脏移植技术医疗质量控制指标（2020 年版）》，构建了科学的质控指标体系；每年制定各器官移植专业质控工作改进目标，发布质控报告，不断规范器官获取和临床诊疗行为，促进器官获取与移植标准化、同质化。通过这些措施，器官移植质量实现有效提升，器官移植术后移植物/受者生存率等指标达到国际先进水平。2023 年，肝脏移植手术平均无肝期降至 43.3 分钟，肾脏移植和心脏移植术后生存率不断提高，肺脏移植围手术期并发症发生率和死亡率明显降低。

五、人体器官捐献和移植监管体系

（一）在法治保障方面

一是，2007 年国务院颁布《人体器官移植条例》，对规范和促进器官捐献和移植事业发展发挥了重要作用。此次修订后的《人体器官捐献和移植条例》明确了器官捐献和移植工作要坚持"人民至上、生命至上"的原则，全面完善了人体器官捐献和移植制度，标志着我国器官捐献和移植事业迈上了新台阶，进入了新的发展阶段。二是，《中华人民共和国红十字会法》第十一条中规定，红十字会参与、推动无偿献血、遗体和人体器官捐献工作。三是，《中华人民共和国民法典》第一千零六条规定："完全民事行为能力人有权依法自主决定无偿捐献其人体细胞、人体组织、人体器官、遗体。任何组织或者个人不得强迫、欺骗、利诱其捐献。完全民事行为能力人依据前款规定同意捐献的，应当采用书面形式，也可以订立遗嘱。自然人生前未表示不同意捐献的，该自然人死亡后，其配偶、成年子女、父母可以共同决定捐献，决定捐献应当采用书面形式。"四是，2011年5月1日实施的《中华人民共和国刑法修正案（八）》中增加"组织买卖器官罪"，将组织买卖人体器官作为严重的刑事犯罪进行打击。

（二）在卫生健康行政部门监管方面

近年来，国家通过覆盖全国的多维度、标准化器官捐献和移植数据收集登记与共享平台，开展大数据信息化监管，COTRS和国家人体组织器官移植与医疗大数据中心也相继建立，为实现器官捐献和移植闭环管理进一步提供支撑，搭建了信息化监管平台，不断完善器官捐献和移植全链条管理模式。结合定期不定期组织开展人体器官移植飞行检查工作，建立了现场核查与信息化监管相结合的监管工作机制。人体器官移植监管体系不断加强，各级卫生健康行政部门监管能力不断提高，依托全流程追溯和监管机制，落实人体器官捐献、获取、分配、移植等各环节全链条管理。会同公安部门建立打击组织出卖人体器官违法犯罪数据资源共享机制，对违法犯罪行为保持高压打击态势。

（三）在医疗机构管理方面

人体器官移植资质医院和OPO所在医院是人体器官移植工作的责任主体，院长是第一责任人。各相关医院应当建立完善本单位人体器官获取与移植管理的各项制度，严格按照核准的诊疗科目开展器官移植。加强器官移植医师管理，充分发挥人体器官移植伦理委员会伦理审查作用。OPO 所在医院应当严格器官获取管理，必须在划定的服务范围内获取器官，严禁跨区域获取器官、转运潜在器官捐献者。规范使用器官分配系统科学、公平分配器官，严格活体器官移植管理，按规定认真审核资料，履行查验职责，科学评估风险，审核捐献意愿。规范人体器官获取和移植有关经费收支管理，建立健全符合人体器官获取和移植工作特点的财务管理制度。

第四条 县级以上人民政府卫生健康部门负责人体器官捐献和移植的监督管理工作。县级以上人民政府发展改革、公安、民政、财政、市场监督管理、医疗保障等部门在各自职责范围内负责与人体器官捐献和移植有关的工作。

【释义】本条是各相关部门在人体器官捐献和移植工作中职责的规定。此次修订进一步明确了有关部门在人体器官捐献和移植工作中的职责，各部门要在人体器官捐献和移植工作中各司其职，协同配合。

一、县级以上人民政府卫生健康部门的监督管理工作职责

县级以上人民政府卫生健康部门是区域内人体器官捐献和移植监督管理的主体，对本行政区域内从事人体器官捐献和移植的医疗机构和医务人员负有监督管理责任，包括对本行政区域内从事人体器官获取和移植的医疗机构落实《条例》情况依法履行监督管理职责。

二、县级以上人民政府其他工作部门的工作职责

县级以上人民政府其他与人体器官捐献和移植有关的工作部门，按照《条例》有关规定，分别在各自职责范围内负责本辖区相关工作。比如，发展改革部门负责协同制定遗体器官获取成本费用具体收费标准；公安部门负责协同保障人体捐献器官转运绿色通道的协调机制，防范、打击涉及人体器官领域违法犯罪，以及协助做好出具器官捐献亲属证明等相关材料；民政部门负责协同完善人体器官捐献人殡葬及缅怀优待政策，形成合理引导捐献行为的激励机制和社会风尚；市场监督管理部门负责对人体器官捐献和移植领域相关价格进行监管，协助推动人体器官捐献公益广告宣传工作；医疗保障部门负责制定辖区内人体器官移植手术价格并协同制定遗体器官获取成本费用具体收费标准等。

第五条 红十字会依法参与、推动人体器官捐献工作，开展人体器官捐献的宣传动员、意愿登记、捐献见证、缅怀纪念、人道关怀等工作，加强人体器官捐献组织网络、协调员队伍的建设和管理。

【释义】 本条是对红十字会在人体器官捐献工作中职责的规定。此次修订对红十字会在人体器官捐献工作中的职责进行了细化，明确了红十字会建设和管理人体器官捐献组织网络和协调员队伍的职责。

根据《中华人民共和国红十字会法》第十一条规定："红十字会履行以下职责：……（三）参与、推动无偿献血、遗体和人体

器官捐献工作，参与开展造血干细胞捐献的相关工作……"《条例》的修订细化了红十字会职责，具体包括以下六个方面：

一、宣传动员

红十字会作为从事人道主义工作的社会救助团体，在人体器官捐献工作中发挥重要作用，应当加强对人体器官捐献的宣传，通过报刊、广播、电视、互联网等新闻媒体，列出专题、开辟专栏，制作播出公益广告。各级红十字会要发挥自身优势，通过组织宣讲、开展座谈讨论、举办知识竞赛等活动，通过设立户外广告牌、张贴宣传画、悬挂标语口号等形式，深入高校、医院、机关、企业、社区、村寨进行宣传，有效扩大人体器官捐献宣传的覆盖面和影响力，增强公众对器官捐献和移植的公益事业关注程度和对参与器官捐献的热情，涵养器官捐献文化。同时，广泛动员社会各界积极参与人体器官捐献理念宣传动员活动，在全国逐步形成良好的捐献文化氛围。

二、意愿登记

意愿登记，即为完全民事行为能力人表达人体器官捐献意愿提供登记服务。红十字会负责人体器官捐献意愿登记，建立中国人体器官捐献志愿登记管理系统，创新器官捐献志愿登记工作互联网模式，并提供现场书面登记服务，拓展多渠道便捷有效的登记方式，为登记者发放中国人体器官捐献志愿登记卡或登记证书。网络登记与现场书面登记具有同等法律效力。

三、捐献见证

红十字会负责遗体器官的捐献见证工作。从事遗体器官获取的医疗机构发现潜在捐献者后，应当通知所在地省、自治区、直辖市红十字会。接到通知的红十字会应当及时指派 2 名以上人体器官捐献协调员对遗体器官获取及相关工作进行见证。

四、缅怀纪念

人体器官移植事业的发展离不开成千上万名器官捐献者的无私奉献，是中华优秀传统文化的体现，是践行社会主义核心价值观的体现。各级红十字会推动出台人体器官捐献者殡葬服务优待政策，建立完善人体器官捐献者缅怀纪念工作机制，定期举办器官捐献者的缅怀纪念活动，缅怀追思捐献者，动员社会力量建设人体器官捐献纪念园等，营造良好的捐献文化氛围。

五、人道关怀

各级红十字会负责组织开展对器官捐献者家属的人道主义关怀。各级红十字会可设立人体器官捐献基金，多渠道筹集资金，建立完善人体器官捐献人道关怀工作机制，因地制宜开展人道慰问，包括荣誉表彰、困难帮扶、养老助学、精神抚慰等人道关怀活动。

六、捐献组织网络、协调员队伍建设和管理

红十字会依法组建并管理器官捐献组织网络和协调员队伍。2021 年 1 月，中国红十字会总会与国家卫生健康委联合修订印发了《人体器官捐献协调员管理办法》，明确了中国人体器官捐献管理中心和省级红十字会器官捐献管理机构，规范协调员队伍的建设和管理，明确了协调员的职责和行为规范，为切实发挥协调员捐献见证作用提供了制度保证。

第六条 任何组织或者个人不得以任何形式买卖人体器官，不得从事与买卖人体器官有关的活动。

【释义】本条是对禁止人体器官买卖的规定，是沿用 2007 年《人体器官移植条例》第三条的规定。

基于人格尊严的理念，每一个公民的身体应当受到尊重，避免将人体组成部分作为客体；同时，在实践中，人体器官的买卖很有可能会不公平地利用最贫穷和最脆弱的群体，导致牟取暴利和贩卖人口。世界卫生组织《人体细胞、组织和器官移植指导原则》规定，细胞、组织和器官应仅可自由捐献，不得伴有任何金钱支付或其他货币价值的报酬。购买或提出购买供移植的细胞、组织或器官，或者由活人或死者近亲出售，都应予以禁止。禁止出售或购买细胞、组织和器官不排除补偿捐献人产生的合理和可证实的费用，包括收入损失，或支付获取、处理、保存和提供用于移植的人体细胞、组织或器官的费用。《条例》明确禁止以任何形式买卖人体器官。买卖人体器官的形式在实践中表现可能多种多样，任何形式只要构成实质上的买卖，都应当被禁止。

红十字会基于对捐献者及其家庭大爱奉献精神褒扬和生活困难帮扶而给予的人道关怀慰问金，民政部门、社会慈善组织等对困难捐献人家庭给予的救助，以及器官获取的各种成本支出与器官买卖有实质不同。

第七条 任何组织或者个人对违反本条例规定的行为，有权向卫生健康部门和其他有关部门举报；对卫生健康部门和其他有关部门未依法履行监督管理职责的行为，有权向本级人民政府、上级人民政府有关部门举报。接到举报的人民政府、卫生健康部

门和其他有关部门对举报应当及时核实、处理，对实名举报的，应当将处理结果向举报人通报。

【释义】本条是对人体器官捐献和移植工作举报制度的规定。

我国人体器官捐献和移植事业的蓬勃发展，离不开医疗机构和医务工作者的艰辛付出，但同样离不开各级卫生健康部门的监督管理。为了规范我国人体器官捐献和移植体系，促进我国人体器官捐献和移植事业健康发展，《条例》规定了相关举报制度。

一、举报对象

举报是指公民或者单位依法行使其权利，向有关国家机关或组织检举、控告人体器官捐献和移植领域违纪、违法或犯罪的行为。人体器官捐献和移植事业的发展需要公众和有关专家学者共同监督，若发现任何组织或个人违反《条例》中规定的行为，可针对具体行为向卫生健康部门或相关部门进行举报；如果发现公职人员或其所在卫生健康或其他部门未履行监督管理职责，可向本级人民政府或者上级人民政府有关部门进行举报。

二、举报处理

在接到举报后，人民政府、卫生健康部门或其他有关部门应当对举报内容进行及时处理，对所举报事项进行一一核实，并按《条例》有关规定处理举报。举报人实名举报的，应当及时将处理结果告知举报人。有关部门应当对举报人的信息予以保密，不得将举报人个人信息、举报办理情况等泄露给被举报人或者与办理举报工作无关的人员。

第二章 人体器官的捐献

第八条 人体器官捐献应当遵循自愿、无偿的原则。

公民享有捐献或者不捐献其人体器官的权利；任何组织或者个人不得强迫、欺骗或者利诱他人捐献人体器官。

【释义】 本条是人体器官捐献基本原则的规定，是沿用 2007 年《人体器官移植条例》第七条的规定。

为维护社会的公平公正，人体器官捐献必须是自愿、无偿的。获得人体器官捐献人的同意是人体器官捐献的前提，公民享有是否捐献其器官的自主决定权。人体器官捐献的意愿必须是真实的，任何组织或者个人不得强迫、欺骗、利诱公民的器官捐献。世界卫生组织《人体细胞、组织和器官指导原则》规定，捐献人应自愿行动，没有受到任何不正当的影响和压力。指导原则中还规定，如果用于移植的细胞、组织或器官是通过不正当利诱或强迫，或向捐献人或死者近亲付款获得的，医生和其他卫生专业人员应拒绝执行移植程序，健康保险机构和其他支付者应拒绝承担这一程序的费用。同时，获得捐献人的知情同意是法定程序，包括对捐献人提供客观的信息，保证捐献人捐献意愿的真实性和捐献决定的完全自主性。

人体器官捐献的意愿必须是合法的，不得违反法律强制性规定和公序良俗的原则。捐献不得危及捐献人自身的生命或者严重损害捐献人自身的健康，防止出现职业捐献人群体和变相的人体器官买卖，这是为维护捐献人的人格尊严和身体健康而对捐献行为作出的必要制约。

第九条　具有完全民事行为能力的公民有权依法自主决定捐献其人体器官。公民表示捐献其人体器官的意愿，应当采用书面形式，也可以订立遗嘱。公民对已经表示捐献其人体器官的意愿，有权予以撤销。

公民生前表示不同意捐献其遗体器官的，任何组织或者个人不得捐献、获取该公民的遗体器官；公民生前未表示不同意捐献其遗体器官的，该公民死亡后，其配偶、成年子女、父母可以共同决定捐献，决定捐献应当采用书面形式。

【释义】本条是对人体器官捐献意愿认定的规定。此次修订依据《中华人民共和国民法典》作了部分调整。

在综合考虑多方面意见的基础上，结合世界卫生组织《人体细胞、组织和器官移植指导原则》，对人体器官捐献作出规定，并设定了严格的实施条件。获得同意是所有医学干预措施的伦理和法律基石，也是人体器官捐献必要的条件，体现了公民对其是否捐献器官所拥有的自主决定权。具有完全民事行为能力的公民才有权依法自主决定其是否同意捐献器官。人体器官捐献人必须对捐献行为具有充分的理性判断能力，这要求捐献人必须具备完全的民事行为能力。未成年人以及不能辨认或者不能完全辨认自己行为的成年人等限制民事行为能力人和无民事行为能力人，不能作出器官捐献的有效同意。

器官捐献有如下两种方式：

一、明确表达捐献意愿的

完全民事行为能力人依据本条第一款规定同意捐献的，应当采用书面形式，也可以通过订立遗嘱的方式。书面形式也包括依据《条例》第十三条规定的器官捐献登记服务系统捐献其遗体器官意愿的表达。活体器官捐献可能对人体造成损害，涉及生命权、身体权、健康权等最基本的人格权利，确定其捐献意愿的真实性十分重要，应当对其同意捐献意愿表达的形式作严格限制。考虑到通常在遗嘱中可能表达遗体器官捐献的意愿，《中华人民共和国民法典》中"继承编"对遗嘱的形式进行了严格的限定，以确保捐献意愿的真实性。因此，本条规定同意捐献的意愿除采取书面形式表达外，公民也可以通过订立遗嘱表达捐献其遗体器官的意愿，但遗嘱的形式要符合《中华人民共和国民法典》的规定。基于人格尊严保护的特殊要求，捐献人有权随时撤销其捐献意愿的表示。

二、生前未明确表达捐献意愿的

如果公民生前未明确表示不同意捐献，该自然人死亡后，其配偶、成年子女、父母可以共同作出同意捐献的一致性书面决定。共同作出捐献决定的必要充分条件：一是只有当公民生前未明确表示不同意捐献，且死亡后方可进行；二是作出捐献决定必须由死者的具备完全民事行为能力的配偶、成年子女和父母共同书面决定，如果其中任何一人反对，均不得捐献；三是如果死者无配偶、成年子女，且其父母已经过世，其他人不得作出捐献决定。

第十条　任何组织或者个人不得获取未满18周岁公民的活体器官用于移植。

【释义】本条是对未满18周岁公民亲属间活体器官捐献的规定。此次修订作了部分调整，旨在更好地保障未成年公民的合法权益。

未成年人是身心发育尚未成熟的特殊群体，具有特殊的生理和心理特征，需要国家、社会、学校和家庭给予特别的关心和爱护。为保护未成年人的身心健康，保障未成年人的合法权益，关于未满18周岁的活体器官捐献，受到了严格的限制。世界卫生组织《人体细胞、组织和器官移植指导原则》规定，除了在国家法律允许范围内的少数例外情况，不可出于移植目的从未成年活人身上获取任何细胞、组织或器官。本条作为保护未成年人的具体措施，未成年人的活体器官不得被捐献用于移植。

第十一条　活体器官的接受人限于活体器官捐献人的配偶、直系血亲或者三代以内旁系血亲。

【释义】本条是对活体器官捐献关系的规定。2007年《人体器官移植条例》第十条对活体器官捐献关系作出了规定。此次修订针对实践中比较突出的问题，对其作了进一步补充完善。由于帮扶关系形成的亲情关系较难界定，在实践中容易出现违法违规行为，因此，此次修订删除了有证据证明与活体器官捐献人存在因帮扶等形成亲情关系的人员。

为保证人体器官移植事业健康可持续发展，保障公民的健康权益，活体器官捐献的条件更为严格。世界卫生组织《人体细胞、组织和器官移植指导原则》规定，死者的捐献应当显现出其最大的治疗潜力，但成年活人可在国内法律允许的范围内捐献器官。活体捐献人一般应与接受人在基因、法律或情感上有关系。此次修订将因帮扶等形成亲情关系的人员排除在活体器官移植关系之外，对活体器官捐献和移植的规定和审核条件更为严格，是维护社会公平正义的具体体现。

根据本条规定，四代以上的旁系血亲、姻亲不能作为活体器官的捐献人和接受人。目前，仅为以下三种关系之一的捐献人和接受人才可以进行活体器官捐献和移植，活体器官捐献人和接受人关系需要通过人体器官移植伦理委员会审核同意。

一、配偶

合法婚姻中的夫妻双方，因婚姻关系而确立。

二、直系血亲

血亲分为直系血亲和旁系血亲。直系血亲是指有直接血缘关系的亲属，即指出生关系（又称生育关系），包括生育自己的长辈（父母、祖父母、外祖父母以及更上的长辈）和自己所生育的晚辈（子女、孙子女、外孙子女以及更下的直接晚辈）。

拟制直系血亲，是虽无血缘联系，但法律确认其与自然血亲有同等的权利义务的亲属，如养父母与养子女，继父母与受其抚养教育的继子女。拟制血亲关系因收养或者继父母与继子女形成抚养关系而发生，因一方死亡或者养父母子女关系、继父母子女关系依法解除而终止。

三、三代以内旁系血亲

旁系血亲是指有间接血缘关系的亲属，即与自己同出一源的亲属，如与自己同源于父母的兄弟姐妹，与自己同源于祖父母的伯、叔、姑以及堂兄弟姐妹和姑表兄弟姐妹，与自己同源于外祖父母的舅、姨以及姨表兄弟姐妹和舅表兄弟姐妹等。凡是与自己为同一祖父母、外祖父母所生的子孙，除了直系血亲之外，均为三代以内的旁系血亲。

三代以内旁系血亲的范围包括：（1）亲兄弟姐妹。包括同父同母的全血缘的兄弟姐妹，又有同父异母或同母异父的半血缘的兄弟姐妹。（2）伯、叔、姑与侄、侄女，舅、姨与甥、甥女。（3）堂兄弟姐妹，表兄弟姐妹。

第十二条　国家加强人体器官捐献宣传教育和知识普及，促进形成有利于人体器官捐献的社会风尚。

新闻媒体应当开展人体器官捐献公益宣传。

【释义】本条是对人体器官捐献宣传动员的规定。此次修订明确了国家加强人体器官捐献宣传动员和新闻媒体在人体器官捐献宣传中的公益作用。

人体器官捐献和移植是人间大爱善行，关系人民群众生命健康，关系生命伦理和社会公平，是国家医学发展和社会文明进步的重要标志。《条例》规定，国家应当加强人体器官捐献宣传教育和知识普及，动员社会各界积极参与，促进形成良好的捐献文化氛围和社会风尚。红十字会应当加强对人体器官捐献的知识普及，增加民众对人体器官捐献的认识和理解。同时，鼓励社会各界积极参与、创新捐献动员举措，借助"互联网＋"的理念拓宽动员手段，多渠道开展关于人体器官捐献理念宣传，扩大社会影响力。通过人体器官捐献的宣传教育，培育捐献文化氛围。

新闻媒体要认真贯彻落实《条例》精神，积极开展器官捐献新闻报道，加强对人体器官捐献的公益宣传，不以营利为目的为社会提供人体器官捐献的公益宣传广告，引导民众移风易俗，促进社会主义精神文明建设，践行社会主义核心价值观，从而提高人体器官捐献的社会认知度，增强人体器官捐献的社会影响力。

《关于促进人体器官捐献工作健康发展的意见》中明确"广电部门负责指导广播电视节目、网络视听节目加大人体器官捐献宣传力度，积极推动人体器官捐献公益广告播放"，强调要广泛宣传人体器官捐献知识。各级卫生健康行政部门、红十字会要编写人体器官捐献科普材料，培训科普宣讲师资，有条件的地方建设人体器官捐献科普馆（室）。围绕人体器官捐献工作开展政策解读、答疑释惑、科普宣传、经验推广、捐献者感人故事等形式多样的宣传报道、媒体服务和信息发布工作，切实提升人体器官捐献科学知识的普及率和知晓率。医疗机构应当在显著位置及各科室宣传栏摆放人体器官捐献宣传科普材料，医疗机构可利用电子显示屏等媒介播放人体器官捐献宣传视频。将人体器官捐献相关内容纳入高等教育通识课程内容，普及人体器官捐献有关知识。同时，将人体器官捐献有关内容列入医学院校教材和课程，推动人体器官捐献学科建设。同时，要积极营造捐献光荣的社会氛围。在器官捐献相关纪念日举办主题宣传活动，通过新闻媒体宣传报道人体器官捐献的典型人物、感人事迹，依法依规表扬奖励推动人体器官捐献工作的先进个人和先进单位，开展人体器官捐献知识"进医院、进高校、进社区、进机关"的公益宣传活动，营造推进人体器官捐献工作的良好社会氛围，促进形成有利于人体器官捐献的社会风尚。

第十三条 国家鼓励遗体器官捐献。公民可以通过中国红十字会总会建立的登记服务系统表示捐献其遗体器官的意愿。

【释义】本条是对人体器官捐献意愿登记的规定。此次修订表明国家对遗体器官捐献的鼓励和支持。同时规定了红十字会在人体器官捐献意愿登记管理方面的职责。

遗体器官捐献有利于救治他人，应当予以鼓励。没有器官捐献就没有移植手术，国家鼓励和支持遗体器官捐献，鼓励公民通过遗体器官捐献登记服务系统表达遗体器官捐献意愿。通过此系统登记同样属于第九条规定有效的捐献意愿书面表达方式。

国家鼓励社会组织和社会各界积极推动器官捐献工作，开展多种形式的宣传动员、意愿登记等，并将登记信息统一对接中国红十字会总会建立的登记服务系统。

"遗体器官捐献志愿登记"与"完成器官捐献"是两个不同的概念。遗体器官捐献志愿登记仅是个人意愿的表达，是向社会传递生命永续、大爱捐献的善举，是对器官捐献理念的认同与支持，而"完成器官捐献"是在因疾病或意外离世的情况下，且符合一定的临床医学条件，经过医院评估、死亡判定、家属签字确认、捐献见证等程序才能完成。

第十四条 红十字会向遗体器官捐献人亲属颁发捐献证书，动员社会各方力量设置遗体器官捐献人缅怀纪念设施。设置遗体器官捐献人缅怀纪念设施应当因地制宜、注重实效。

中国红十字会总会、国务院卫生健康部门应当定期组织开展遗体器官捐献人缅怀纪念活动。

【释义】本条是对人体器官捐献人缅怀纪念的规定。为体现国家鼓励遗体器官捐献，此次修订增加了对遗体器官捐献人缅怀纪念和向其家属颁发捐献证书的相关规定。

遗体器官捐献人在身故后捐献的器官让其他重症患者获得了新生，挽救他人生命，是值得全社会尊崇的高尚行为。《条例》的修订规定了红十字会在遗体器官捐献人缅怀纪念方面的职责，各地红十字会通过向遗体器官捐献人亲属颁发捐献证书，弘扬正能量，倡导新风尚，在全社会形成捐献光荣的浓厚氛围，让更多的人参与到器官捐献这项大爱奉献的事业中来。

中国红十字会总会会同国务院卫生健康部门每年定期组织开展遗体器官捐献人缅怀纪念活动，缅怀和纪念人体器官捐献人，颂扬自愿无偿捐献的崇高行为，强化对器官捐献的褒扬和引导，进一步推动器官捐献事业发展。

各级卫生健康部门、红十字会及社会各界可依法设置遗体器官捐献人缅怀纪念设施，各地可根据当地具体情况和风土人情，设置适宜的缅怀纪念设施，方便遗体器官捐献人家属对遗体器官捐献人进行缅怀，弘扬人体器官捐献的大爱。

第三章 人体器官的获取和移植

第十五条 医疗机构从事遗体器官获取，应当具备下列条件：

（一）有专门负责遗体器官获取的部门以及与从事遗体器官获取相适应的管理人员、执业医师和其他医务人员；

（二）有满足遗体器官获取所需要的设备、设施和技术能力；

（三）有符合本条例第十八条第一款规定的人体器官移植伦理委员会；

（四）有完善的遗体器官获取质量管理和控制等制度。

从事遗体器官获取的医疗机构同时从事人体器官移植的，负责遗体器官获取的部门应当独立于负责人体器官移植的科室。

【释义】本条是对从事遗体器官获取的医疗机构应具备的基本条件的规定。此次修订新增了关于从事遗体器官获取的医疗机构应当具备条件的规定，为省级卫生健康行政部门确定本区域内从事遗体器官获取的医疗机构提供依据。

根据本条规定，医疗机构从事遗体器官获取的，应当符合国家有关规定的基本要求，成立专门从事遗体器官获取的部门（OPO），同时，该部门应当独立于器官移植科室。

一、有专门负责遗体器官获取的部门以及与从事遗体器官获取相适应的管理人员、执业医师和其他医务人员

医疗机构从事遗体器官获取的，从组织架构上，可以成立器官获取院级管理委员会，由医务管理部门设立管理办公室，实行职能监管，设立专职管理人员，建立相关管理制度，落实管理职责。从部门设置上，应当设置独立建制的OPO，鼓励成立器官捐献（获取）专科，配备涵盖服务于器官移植前器官捐献与获取全流程的管理人员、专业协调员、器官获取专职医师与护士、脑死亡判定人员、其他相关专业技术人员及数据报送员。OPO可以通过其他科室协作给予服务的方式完成捐献器官的维护、获取、保存、修复及质量评价。科学的器官获取管理组织架构和器官获取专科体系建设，明确了医疗机构的管理职能和OPO的临床服务属性、医疗专业属性，有利于捐献器官获取依法依规、科学规范实施。

二、有满足遗体器官获取所需要的设备、设施和技术能力，符合遗体器官获取的硬件需求

2019年2月，国家卫生健康委印发《人体器官获取组织基本要求和质量控制指标》（国卫办医函〔2019〕197号），对医疗机构进行潜在捐献人抢救、维护以及遗体器官获取所需的设施和场地、器械设备、人体器官获取手术室和其他科室技术能力作出具体要求。OPO应当组建具备专门技术和能力要求的人体捐献器官获取团队，制定潜在捐献人识别与筛选医学标准，建立标准的人体捐献器官获取技术规范，配备专业人员和设备，与器官移植科室合作规范使用人体器官获取技术，确保获取器官的质量，保障医疗质量与患者安全。

三、医疗机构从事遗体器官获取应当有规范运行的人体器官移植伦理委员会

正确理解本条第三项规定，需要同《条例》第十八条第一款的内容结合起来。人体器官移植伦理委员会成员应是多学科和多部门的，一般由管理、医疗、护理、药学、法律、伦理等方面的专家组成，从事人体器官移植的专家人数不得超过委员会委员总人数的四分之一。

从事遗体器官获取的医疗机构，要有专门的部门负责器官捐献和移植管理，建立完善相关工作制度和管理制度，落实医疗机构主体责任，切实发挥人体器官移植伦理委员会技术与伦理审查作用，规范器官获取和移植行为。

四、有完善的遗体器官获取质量管理和控制等制度

医疗机构的器官获取管理部门应当按照要求建立本单位人体器官获取质量管理与控制体系，对 OPO 工作进行全流程质量控制和环节管理，包括建立标准流程、制定本单位人体器官获取技术要求，以及记录分析评估相关数据等。

1. 管理制度。医疗机构成立的 OPO 应当独立于器官移植科室。同时要有专门的器官获取与管理部门负责 OPO 管理，有健全的人体器官获取管理制度，监管 OPO 按照人体器官捐献与获取基本流程进行标准操作，具备完整的质量管理记录。

2. 质量管理与控制。制定本单位捐献器官获取质量控制标准并拥有与其配套的检测设备和检测方法。

3. 人体器官捐献人医学检查。按照人体器官捐献人、捐献器

官质量控制标准要求，对捐献人进行相关医学检查，包括生化检验、病原微生物筛查、影像学检查、病理评估、肿瘤筛查等，其中病原微生物筛查应包括灌注液、保存液，有条件的医疗机构开展病原微生物宏基因组测序。

4. 数据报送。建立病例信息数据库并配备人员进行严格管理，按规定及时保存并上报每例捐献人评估以及每例捐献器官获取的数据信息。

按照国家有关规定，OPO 和移植医院是移植数据网络直报责任单位，应当建立健全移植数据管理和保密制度，配备专用计算机，指定专人负责本单位的移植数据网络直报和管理工作，接受卫生健康行政部门和相关质控中心数据核查。

根据本条规定，从事遗体器官获取的医疗机构同时从事人体器官移植的，负责遗体器官获取的部门应当独立于负责人体器官移植的科室。如负责遗体器官获取的部门不独立于人体器官移植的科室，存在利益冲突，影响器官捐献和移植的公平公正。医疗机构应当加强器官获取工作人员行为规范教育，开展岗位培训提升业务能力，加大普法教育，加强案例警示，牢固树立红线意识。

第十六条 省、自治区、直辖市人民政府卫生健康部门根据本行政区域遗体器官捐献情况，制定遗体器官获取服务规划，并结合医疗机构的条件和服务能力，确定本行政区域从事遗体器官获取的医疗机构，划定其提供遗体器官获取服务的区域。

从事遗体器官获取的医疗机构应当在所在地省、自治区、直辖市人民政府卫生健康部门划定的区域内提供遗体器官获取服务。

医疗机构发现符合捐献条件且有捐献意愿的潜在遗体器官捐献人的，应当向负责提供其所在区域遗体器官获取服务的医疗机构报告,接到报告的医疗机构应当向所在地省、自治区、直辖市红十字会通报。

任何组织或者个人不得以获取遗体器官为目的跨区域转运潜在遗体器官捐献人,不得向本条第三款规定之外的组织或者个人转介潜在遗体器官捐献人的相关信息。

【释义】本条是对器官获取服务行政区域管理制度的相关规定。根据国际经验,OPO 开展遗体器官获取服务必须在划定的区域内进行,避免出现对稀缺社会资源的无序争夺。此次修订明确了省级卫生健康行政部门必须制定规划,限定 OPO 在划定的区域内提供遗体器官获取服务,同时要求各级医疗机构配合器官捐献获取工作。

本条的宗旨是制定并落实器官获取规划和加强 OPO 建设与管理,医疗机构必须满足一定的条件和服务能力后,各省、自治区、直辖市人民政府卫生健康部门再根据本行政区域遗体器官捐献情况,制定遗体器官获取服务规划,确定本行政区域从事遗体器官获取的医疗机构,并划定其获取遗体器官的行政区域。

一、服务区域划分

按照《人体捐献器官获取与分配管理规定》的要求,各省级卫生健康行政部门应当做好 OPO 设置规划,按照行政区域合理划分 OPO 服务区域,不得重叠,在满足需要的前提下减少 OPO 设置数量,逐渐成立全省统一的 OPO。区域划分应当以行政区域为单元,不得以医疗机构为单元进行划分,避免出现交叉、重叠、管理空缺。

OPO 应当在省级卫生健康行政部门划定的服务区域内实施捐

献器官的获取，严禁跨范围转运潜在捐献人、获取器官。各级卫生健康行政部门应当制定落实器官获取规划并加强 OPO 建设与管理，严格落实管理要求。

二、潜在捐献人发现与报告

医疗机构要积极宣传、支持和参与遗体器官捐献，建立遗体器官捐献相应的工作体系和机制。

根据《三级医院评审标准（2022 年版）》，潜在捐献人的发现和报告已经作为医院评审的重要内容和指标。医疗机构发现符合捐献条件的潜在捐献人，应当向负责提供其所在区域遗体器官获取服务的 OPO 报告，OPO 再向该省、自治区、直辖市红十字会通报。

三、严禁跨区域获取

医疗机构发现潜在捐献人时，应当主动向划定的 OPO 报告，禁止向其他机构、组织和个人转介潜在捐献人相关信息。任何组织或者个人不得以获取遗体器官为目的跨区域转运潜在遗体器官捐献人，不得向本条第三款规定之外的组织或者个人转介潜在遗体器官捐献人的相关信息。

OPO 进行潜在捐献人评估时，应当在 COTRS 登记潜在捐献人信息及相关评估情况，锁定潜在捐献人，该潜在捐献人不得通过其他 OPO 进行器官获取和分配。

第十七条 获取遗体器官前，负责遗体器官获取的部门应当向其所在医疗机构的人体器官移植伦理委员会提出获取遗体器官审查申请。

【释义】 本条是对医疗机构 OPO 从事遗体器官获取前伦理审查的规定。此次修订在《人体器官移植条例》第十七条的基础上，将原人体器官获取前伦理审查调整分解为遗体器官获取前伦理审查和活体器官获取前伦理审查；规定了 OPO 获取遗体器官前审查的要求，进一步规范和完善遗体器官获取的流程。

关于人体器官移植伦理委员会的名称及组成人员，《人体器官移植条例》第十一条规定，移植医院必须建立"由医学、法学、伦理学等方面专家组成的人体器官移植技术临床应用与伦理委员会"。其中，"从事人体器官移植的医学专家不超过委员人数的四分之一"。

根据《人体器官移植条例》第十七条和第十八条的规定，在获取活体器官前或者尸体器官捐献人死亡前，负责人体器官移植的执业医师应当向所在医疗机构的人体器官移植技术临床应用与伦理委员会提出获取人体器官审查申请。人体器官移植技术临床应用与伦理委员会不同意获取人体器官的，医疗机构不得作出获取人体器官的决定，医务人员不得获取人体器官。本条规定医疗机构 OPO 在获取遗体器官前，应当向其所在医疗机构的人体器官移植伦理委员会提出获取遗体器官审查申请，确保器官捐献符合自愿、无偿原则。

随着器官捐献体系的建立和完善，我国的器官来源实现了根本性转型，器官获取工作模式发生根本转变。此次修订有三点调整：一是伦理审查的申请人，由移植手术医师调整为 OPO。二是伦理审查机构，由原来的开展移植手术的医疗机构人体器官移植技术临床应用与伦理委员会调整为 OPO 所在的医疗机构的人体器官移植伦理委员会。三是将"人体器官移植技术临床应用与伦理委员会"名称修订为"人体器官移植伦理委员会"。

第十八条 人体器官移植伦理委员会由医学、法学、伦理学等方面专家组成,委员会中从事人体器官移植的医学专家不超过委员人数的四分之一。人体器官移植伦理委员会的组成和工作规则,由国务院卫生健康部门制定。

人体器官移植伦理委员会收到获取遗体器官审查申请后,应当及时对下列事项进行审查:

(一) 遗体器官捐献意愿是否真实;

(二) 有无买卖或者变相买卖遗体器官的情形。

经三分之二以上委员同意,人体器官移植伦理委员会方可出具同意获取遗体器官的书面意见。人体器官移植伦理委员会同意获取的,医疗机构方可获取遗体器官。

【释义】本条是对人体器官移植伦理委员会的组成和工作职责的规定。此次修订在《人体器官移植条例》第十一、十八条的基础上,细化了人体器官移植伦理委员会的人员组成,以及在审查获取遗体器官中的工作职责和工作规则,取消了应当由临床医师承担的移植技术审核工作。

依据《人体器官移植条例》第十一条中规定,我国从事人体器官移植的医疗机构必须建立"由医学、法学、伦理学等方面专家组成的人体器官移植技术临床应用与伦理委员会"。其中,"从事人体器官移植的医学专家不超过委员人数的1/4"。根据《人体器官移植条例》第十七条和第十八条规定,人体器官移植技术临床应用与伦理委员会收到获取人体器官审查申请后,应当对下列事项进行审查,并出具同意或者不同意的书面意见:(1)人体器官捐献人的捐献意愿是否真实；（2）有无买卖或者变相买卖人体器官的情形。经 2/3 以上委员同意，人体器官移植技术临床应用与伦理委员会方可出具同意获取人体器官的书面意见。

此次修订将"人体器官移植技术临床应用与伦理委员会"名称调整为"人体器官移植伦理委员会"，并细化了人体器官移植伦理委员会的人员组成，以及在审查获取遗体器官中的工作职责和工作规则。人体器官移植伦理委员会应当审查遗体器官捐献人的捐献意愿是否真实，有无买卖或者变相买卖人体器官的情形，从而进一步保障遗体器官获取过程中捐献人和接受人的合法和健康权益。

按照"人体器官移植伦理委员会的组成和工作规则，由国务院卫生健康部门制定"的要求，2024 年，国家卫生健康委印发了《人体器官移植伦理委员会工作规则》，进一步规范医疗机构人体器官移植伦理委员会伦理审查工作，保护人体器官捐献人和移植接受人的合法权益。

第十九条　获取遗体器官，应当在依法判定遗体器官捐献人死亡后进行。从事人体器官获取、移植的医务人员不得参与遗体器官捐献人的死亡判定。

获取遗体器官，应当经人体器官捐献协调员见证。获取遗体器官前，从事遗体器官获取的医疗机构应当通知所在地省、自治区、直辖市红十字会。接到通知的红十字会应当及时指派 2 名以上人体器官捐献协调员对遗体器官获取进行见证。

从事遗体器官获取的医疗机构及其医务人员应当维护遗体器官捐献人的尊严；获取器官后，应当对遗体进行符合伦理原则的医学处理，除用于移植的器官以外，应当恢复遗体外观。

【释义】本条是对有关医疗机构 OPO 在获取遗体器官时捐献人病情状态评估、死亡判定、现场见证、遗体容貌医学处理的相关规定。此次修订在《人体器官移植条例》第二十条的基础上，着重增加了人体器官捐献协调员的工作职责与相关工作规定。此次修订有三点调整：一是增加了从事人体器官获取的医务人员不得参与遗体器官捐献人的死亡判定的规定，避免了利益冲突。二是增加了在获取遗体器官时，应当经人体器官捐献协调员见证的规定和相关要求。三是原来的"恢复遗体原貌"修订为"恢复遗体外观"，表述更为严谨。

一、遗体器官捐献分类

目前，我国遗体器官捐献分为三类，分别是脑死亡来源器官捐献（DBD）、心脏死亡来源器官捐献（DCD）和脑-心双死亡来源器官捐献（DBCD）。

有关医疗机构应当对死亡判定情况和质量进行评估，完善死亡判定管理制度及工作流程，加强人员培训，保障设备设施和人员水平满足死亡判定需要，妥善保管死亡判定有关资料。确保器官获取在捐献人死亡后按照人体器官获取标准流程和技术规范实施。另外，为避免利益冲突，在《人体器官移植条例》有关规定的基础上，专门明确从事人体器官获取的医务人员也不得参与捐献人的死亡判定。

二、关于人体器官捐献协调员见证

为规范人体器官捐献协调员队伍管理，促进我国人体器官捐献和移植事业健康有序高质量发展，根据《中华人民共和国民法典》《中华人民共和国红十字会法》《人体器官移植条例》等法律法规，2021 年中国红十字会总会、国家卫生健康委联合制定了《人体器官捐献协调员管理办法》。其中明确：人体器官捐献协调员，是指经红十字会认定的参与人体器官捐献的宣传动员、现场见证、信息采集报告等工作并协助完成人体器官捐献其他相关事务的人员。

具备专门技术和资质的人体器官捐献协调员在各国人体器官捐献工作中都具有不可替代的重要作用。

根据《人体捐献器官获取与分配管理规定》，OPO 应当在红十字会人体器官捐献协调员现场见证下获取捐献器官，不得在医疗机构以外实施捐献器官获取手术。捐献人所在医疗机构应当积极协助和配合 OPO，为实施捐献器官获取手术提供手术室、器械药品、人员等保障。

三、关于恢复遗体外观

本条明确从事遗体器官获取的医疗机构 OPO 及其医务人员应当对捐献人遗体进行符合伦理原则的遗体处理，恢复遗体外观，参与缅怀，维护捐献人的尊严。

第二十条 遗体器官的分配，应当符合医疗需要，遵循公平、公正和公开的原则。具体办法由国务院卫生健康部门制定。

患者申请人体器官移植手术，其配偶、直系血亲或者三代以内旁系血亲曾经捐献遗体器官的，在同等条件下优先排序。

【释义】本条是对遗体器官分配原则和激励政策的相关规定。此次修订在《人体器官移植条例》第二十二条的基础上，增加了对遗体器官捐献的激励政策，明确了遗体器官捐献人亲属分配优先权。

一、分配原则

遗体捐献器官是宝贵、稀缺的社会资源。器官移植是救治终末期器官衰竭患者的重要治疗手段。按照医学需要，科学、公平、公正地分配捐献器官是国际通行的做法，也是我国遗体器官捐献工作必须坚守的基本准则。遗体器官的分配，遵循公平、公正和公开的原则，以患者病情紧急程度和供受者匹配程度等国际公认的客观医学指标进行排序，由计算机自动分配器官，以技术手段最大限度地排除人为干预。通过科学分配，实现降低等待名单死亡率，提高受者术后总体生存率，消除核心的排序政策对不同疾病和不同生理条件产生的不公平性，减少人体器官浪费的目标。捐献的器官按照人体器官分配与共享基本原则和核心政策的规定，逐级进行分配和共享。

需要说明的是：一是，2018 年国家卫生健康委出台了《人体器官分配与共享基本原则和核心政策的通知》，对分配原则进一步细化，综合考量医疗紧急度评分、地理因素、年龄因素、血型匹配、等待时间等因素，对等待者进行排序。特别是关于肝脏移植，我国采用国际通行的 MELD/PELD 评分系统，体现了我国人体器官的分配原则和政策与国际相接轨。二是，分配政策不是一成不变的，国家卫生健康委定期组织专家或委托专业机构对人体器官分配与共享基本原则和核心政策进行评估，根据实际情况适时调整。

二、激励政策

《中国人体器官分配与共享基本原则和核心政策》中，将给予遗体器官捐献人亲属器官分配优先权作为一项鼓励器官捐献的激励机制，此次修订通过法规形式将其固定下来。《条例》在严格遵循公平、公正和公开原则的基础上，规定了遗体器官捐献人亲属在器官移植等待者名单上的优先权，规定"患者申请人体器官移植手术，其配偶、直系血亲或者三代以内旁系血亲曾经捐献遗体器官的，在同等条件下优先排序"，有助于推动社会对器官捐献的理解和支持，提升器官捐献的积极性，提高器官捐献率，缓解器官短缺问题，为器官捐献和移植事业的高质量发展提供坚实的基础。

第二十一条　遗体器官应当通过国务院卫生健康部门建立的分配系统统一分配。从事遗体器官获取、移植的医疗机构应当在分配系统中如实录入遗体器官捐献人、申请人体器官移植手术患者的相关医学数据并及时更新，不得伪造、篡改数据。

医疗机构及其医务人员应当执行分配系统分配结果。禁止医疗机构及其医务人员使用未经分配系统分配的遗体器官或者来源不明的人体器官实施人体器官移植。

国务院卫生健康部门应当定期公布遗体器官捐献和分配情况。

【释义】 本条是对卫生健康部门对遗体器官分配管理的相关规定。此次修订新增了遗体器官应当通过分配系统统一分配的规定，明确了器官来源的禁止性要求以及遗体器官捐献、分配信息公开的有关规定。

一、统一分配

根据本条规定，国家对遗体器官分配采取强制、统一分配的原则。所有遗体器官均应当通过国务院卫生健康部门建立的分配系统统一分配，任何机构、组织和个人不得在器官分配系统外擅自分配捐献器官。2010 年，原卫生部依据《人体器官移植条例》《中国人体器官分配与共享基本原则和肝脏与肾脏移植核心政策》等法规政策，在借鉴国际经验做法，广泛征求临床一线专家意见的基础上，研发了中国人体器官分配与共享计算机系统（COTRS），并于 2013 年 9 月 1 日正式启用。该系统严格遵循器官分配政策，以技术手段最大限度地排除人为干预，以患者等待时间、病情紧急度和供受者匹配程度等国际公认的客观医学指标对患者进行排序，由计算机自动分配器官。目前，器官分配系统已涵盖肝脏、肾脏、心脏、肺脏分配。同时，该系统受到国际社会的高度关注和赞扬，世界卫生组织（WHO）有关负责人曾公开表示，该系统摒除了人为干预，"以患者医疗状况紧急程度和器官匹配程度等病人的医学需求作为器官分配的唯一准则"。器官分配系统是确保器官捐献移植透明、公正和可溯源性的根本措施。

二、数据录入

捐献器官通过器官分配系统实现科学、公平、公正分配的前提和基础是相关医学数据的准确性。移植医院应当将本院等待者的相关信息全部录入器官分配系统，建立等待名单并按照要求及时更新。OPO 应当按照要求填写捐献人及捐献器官有关信息，并确保录入信息的真实性和准确性，禁止伪造、篡改捐献人数据。录入的内容包括遗体器官捐献人和申请人体器官移植手术患者的个人信息、有关病史和诊断情况、医学检查信息、捐献器官类型、质量指标、匹配情况等，是计算等待者匹配排序主要依据。

三、执行分配结果

根据规定，医疗机构及其医务人员应当严格执行分配系统分配结果，为获得器官分配的等待者实施人体器官移植手术，在人体器官移植手术完成后 72 小时内将接受者信息从等待者名单中移除。禁止医疗机构及其医务人员擅自将接受人更换为他人，禁止医疗机构及其医务人员使用未经分配系统分配的遗体器官或者来源不明的人体器官实施人体器官移植，维护器官分配系统严肃性、权威性和唯一性，确保捐献器官实现全流程可溯源管理。对于违反相关规定的，依据《条例》第四十条由县级以上卫生健康行政部门依法予以处理。涉嫌买卖捐献器官的，移交公安机关和司法部门查处。

四、信息公开

根据本条规定，国家卫生健康委应当定期公布遗体器官捐献和分配情况。目前，国家卫生健康委通过多种途径向全社会信息公开。一是，每年指导中国器官移植发展基金会编写《中国器官捐献和移植发展报告》，向社会公开人体器官捐献和移植相关数据、技术发展现状和质量控制情况等，展示我国人体器官捐献和移植工作成效。二是，通过每年《国家医疗服务与质量安全报告》公开人体器官移植质量安全情况。三是，每年向世界卫生组织器官移植监测站提交和公开我国器官捐献和移植数据。

第二十二条　国务院卫生健康部门会同国务院公安、交通运输、铁路、民用航空等部门和中国红十字会总会建立遗体器官运送绿色通道工作机制，确保高效、畅通运送遗体器官。

【释义】本条是对建立遗体器官运送绿色通道工作机制的规定。此次修订是将 2016 年《关于建立人体捐献器官转运绿色通道的通知》的相关要求上升为行政法规，明确了建立遗体器官运送绿色通道工作机制的法定依据，使得人体捐献器官转运绿色通道有法可依，有助于确保人体捐献器官转运流程的通畅，将器官转运环节对器官移植的质量安全影响减少到最低程度。

2016 年 4 月，原国家卫生计生委会同公安部、交通运输部、中国民用航空局、中国铁路总公司、中国红十字会总会印发了《关于建立人体捐献器官转运绿色通道的通知》，将器官转运分为一般流程及应急流程，转运过程中根据实际情况启动不同流程，实现遗体捐献器官转运的快速通关与优先承运，提高转运效率，保障转运安全，减少因运输原因造成的器官浪费。《通知》明确要求：各有关部门和单位要以解决遗体捐献器官转运中的突出瓶颈问题为导向，规范和畅通转运流程，形成制度性安排，提高转运效率，保障转运安全，减少因运输原因造成的器官浪费。

一是建立协调机制，国家卫生健康委员会同公安部、交通运输部、民航局、铁路总公司、中国红十字会总会等有关部门和单位建立遗体捐献器官转运绿色通道的协调机制，保障遗体捐献器官转运绿色通道便捷、畅通。

二是明确各方职责。国家卫生健康委员会负责制定遗体捐献器官运输技术规范与标准，统一移植中心器官接收确认文件。公安部门负责依法保障运送遗体捐献器官的救护车优先通行。交通运输部门负责保障便捷、快速通过收费公路收费站。民航部门负责保障运送遗体捐献器官的人员优先安检、快速登机，协调承运遗体捐献器官的航班班次，遇拥堵或流量控制时优先放行。铁路部门负责保障火车站安检快速过检、乘车，协调列车车次，必要时登车后补票。红十字会负责协助遗体捐献器官运输，提供遗体捐献器官运输专用标志。遗体捐献器官运输专用标志由各省级卫生健康行政部门和红十字会向中国人体器官捐献管理中心申领后向辖区内 OPO 提供。OPO 工作人员根据实际需要向交通运输、民航、铁路部门提出遗体捐献器官转运绿色通道申请，提供行程安排及相关证明材料，承担遗体捐献器官运输安全的主体责任。遗体捐献器官承运方按规定核收运输服务费用，不承担遗体捐献器官的保管及运输途中晚点等未知因素影响的责任。

三是鼓励社会力量参与。鼓励社会力量开展公益服务和慈善活动，提供运输工具运送遗体捐献器官。探索通用航空公司及其他社会运输服务提供方参与遗体捐献器官转运工作。

第二十三条 医疗机构从事人体器官移植，应当向国务院卫生健康部门提出申请。国务院卫生健康部门应当自受理申请之日起 5 个工作日内组织专家评审，于专家评审完成后 15 个工作日内作出决定并书面告知申请人。国务院卫生健康部门审查同意的，通知申请人所在地省、自治区、直辖市人民政府卫生健康部门办理人体器官移植诊疗科目登记，在申请人的执业许可证上注明获准从事的人体器官移植诊疗科目。具体办法由国务院卫生健康部门制定。

医疗机构从事人体器官移植，应当具备下列条件：

（一）有与从事人体器官移植相适应的管理人员、执业医师和其他医务人员；

（二）有满足人体器官移植所需要的设备、设施和技术能力；

（三）有符合本条例第十八条第一款规定的人体器官移植伦理委员会；

（四）有完善的人体器官移植质量管理和控制等制度。

【释义】本条是对医疗机构申请器官移植诊疗科目登记的基本

条件和流程的规定。此次修订在《人体器官移植条例》第十二条的基础上，将器官移植医疗机构资质审批层级调整至国家卫生健康委。新增了从事人体器官移植的医疗机构的资格审查与质量管理和控制等规定，确保器官移植的质量控制与管理有法可依。根据《条例》规定，2024年，国家卫生健康委印发了《人体器官移植诊疗科目登记管理办法》，明确了诊疗科目登记的原则、条件、流程等，加强医疗机构人体器官移植诊疗科目登记管理工作，完善准入和退出工作机制。

一、审核权限上升到国家卫生健康委

《人体器官移植条例》规定，器官移植医疗机构由省级政府卫生健康行政部门审批。此次调整为统筹器官移植服务资源布局，严格技术准入管理，将审核权限上升到国家卫生健康委。

二、制定评审程序

《人体器官移植诊疗科目登记管理办法》第十条规定评审程序如下：

1. 符合条件的医疗机构向国家卫生健康委提出书面申请并提交申请材料，同时提交省级卫生健康行政部门关于是否符合省级人体器官移植医疗机构设置规划的意见；

2. 国家卫生健康委对申请材料审核，并按时限组织专家评审；

3. 国家卫生健康委按时限将审核结果通知申请人和所在地省级卫生健康行政部门；

4. 省级卫生健康行政部门为通过评审的医疗机构办理对应的人体器官移植诊疗科目登记。

三、医疗机构从事人体器官移植应当具备的条件

按照《人体器官移植技术临床应用管理规范（2020 年版）》《人体器官移植技术临床应用管理规定》《人体器官移植诊疗科目登记管理办法》《人体器官移植伦理委员会工作规则》的规定，医疗机构从事人体器官移植应当具备下列条件：

1. 人员要求。应当有与从事人体器官移植相适应的管理人员、执业医师和其他医务人员，包括人体器官移植医师、脑死亡判定技术人员，以及开展相应器官移植技术所需的麻醉、重症、护理等相关卫生技术人员和专门的移植数据网络直报人员。

2. 设备、设施和技术能力要求。应当有满足人体器官移植所需要的设备、设施和技术能力，包括相对独立的移植病区、符合《重症医学科建设与管理指南（试行）》要求的重症医学科、符合《医院手术部（室）管理规范（试行）》和《医院洁净手术部建筑技术规范》等要求的手术室、相关检验项目经省级以上室间质评并合格的检验科、满足人体器官活体组织病理学诊断需求的病理科、独立并具备一定技术能力的血液透析室与能够开展医学影像诊断、介入诊疗技术、术后免疫排斥反应诊断和监测，并具备处理相关并发症的科室和技术能力以及规定中相应的器械、设备与设施。

3. 人体器官移植伦理委员会要求。应当成立人体器官移植伦理委员会，人体器官移植伦理委员会应当合法、独立、透明、及时和有效地开展工作。医疗机构负责本单位人体器官移植伦理审查工作的管理。

4. 人体器官移植质量管理和控制等制度要求。在具备第二项中所规定的要求外，相关人体器官移植技术临床应用还应当分别

满足《人体器官移植技术临床应用管理规范（2020 年版）》中规定的技术能力要求和技术管理基本要求等其他条件，以满足人体器官移植质量管理和控制。

第二十四条 国务院卫生健康部门审查医疗机构的申请，除依据本条例第二十三条第二款规定的条件外，还应当考虑申请人所在省、自治区、直辖市人体器官移植的医疗需求、现有服务能力和人体器官捐献情况。

省、自治区、直辖市人民政府卫生健康部门应当及时公布已经办理人体器官移植诊疗科目登记的医疗机构名单。

【释义】 本条是对第二十三条的补充，国务院卫生健康部门在审查医疗机构申请时还应当考虑申请人所在省、自治区、直辖市人体器官移植的其他情况。此次修订在《人体器官移植条例》的基础上，完善了国务院卫生健康部门在审查人体器官移植诊疗科目登记时应考虑的具体情况，补充了对于现有服务能力和人体器官捐献情况的综合考量。

国务院卫生健康部门对申请人体器官移植执业资质认定的医疗机构，除《条例》第二十三条第二款规定的四项基本条件外，还应当考虑申请人所在省、自治区、直辖市人体器官移植的医疗需求、现有服务能力和人体器官捐献情况。具体按照《人体器官移植诊疗科目登记管理办法》第七条的评审原则，医疗机构人体器官移植资质评审应当遵循以下原则：区域均衡布局、优质资源扩容、短板学科优先、器官来源匹配的原则。

1. 区域均衡布局。根据省级卫生健康行政部门人体器官移植医疗机构设置规划和实际需求，在充分释放区域内现有人体器官移植医院服务能力的前提下，重点提升省外就诊比例较高省份的人体器官移植服务能力，扩大人体器官移植医疗服务供给，有效降低省外人体器官移植就诊比率。

2. 优质资源扩容。支持具备人体器官移植资质的国家医学中心及国家区域医疗中心主体医院等具有较强综合医疗能力、成熟开展人体器官移植技术、具备较强管理能力和良好医疗安全质量信誉的医疗机构新增人体器官移植诊疗科目，覆盖人体器官移植多个学科，促进优质医疗资源扩容和适度集中。

3. 短板学科优先。重点扶持心脏、肺脏、胰腺、小肠移植与儿童器官移植等器官移植短板学科，优先审查资质申请，扩大服务能力供给，提高器官综合利用率和人体器官移植技术水平，保障终末期心脏、肺脏、胰腺、小肠等器官衰竭患者的医疗需求。

4. 器官来源匹配。申请资格认定的医疗机构应当具备合法稳定的人体器官来源，人体器官捐献工作与人体器官移植手术需求相匹配。申报的人体器官移植项目与相应器官的捐献数量和获取能力相匹配。所在省份人体器官捐献数量与省内从事人体器官移植的医疗机构数量相匹配。

各省、自治区、直辖市卫生健康部门按照本地区器官移植需求和服务供给能力不断完善本地区器官移植临床服务规划，合理配置资源，提高移植服务能力。严格对照有关规定，加强器官移植医院和OPO运行管理，完善管理制度，并对国务院卫生健康部门审核通过人体器官移植执业资质认定的医疗机构，应当及时办理人体器官移植诊疗科目登记并公布名单。

第二十五条　已经办理人体器官移植诊疗科目登记的医疗机构不再具备本条例第二十三条第二款规定条件的，应当停止从事

人体器官移植，并向原登记部门报告。原登记部门应当自收到报告之日起 2 个工作日内注销该医疗机构的人体器官移植诊疗科目登记，向国务院卫生健康部门报告，并予以公布。

【释义】本条是对已经办理人体器官移植诊疗科目登记的医疗机构注销流程的规定。此次修订是对《人体器官移植条例》第十三条的完善与细化，对已经办理人体器官移植诊疗科目登记的医疗机构不再具备相应条件时注销其器官移植资质的流程作了规定，并强调注销应当向国务院卫生健康部门报告。

按照《条例》第二十三条第二款之规定，医疗机构从事人体器官移植应当具备相应的条件。具体来说是，针对医疗机构从事人体器官移植不具备条件时，两个主体的职责的规定。一是医疗机构的责任，在不满足以上条件之中的任意一条时，应当主动停止从事器官移植并向原登记部门报告。二是原登记部门的职责，在收到报告之后限期 2 个工作日注销登记科目并向国务院卫生健康部门报告。

《条例》第二十三条第二款中所规定的条件，在医疗机构完成人体器官移植诊疗科目登记后应当长期具备并定期接受核查。若已经办理人体器官移植诊疗科目登记的医疗机构不再具备以上条件，如从事人体器官移植相适应的管理人员、执业医师和其他医务人员解除劳动关系，人体器官移植伦理委员会构成不符合要求等情况发生时，医疗机构应当主动停止从事人体器官移植。如果医疗机构无法具备从事人体器官移植应当具备的上述条件，医疗机构应当报告并注销诊疗科目登记。

注销程序为医疗机构向原登记部门提出申请，原登记部门应当自收到报告之日起 2 个工作日内注销该医疗机构的人体器官移植诊疗科目登记，向国务院卫生健康部门报告，并予以公布。

第二十六条　省级以上人民政府卫生健康部门应当建立人体器官移植质量管理和控制制度，定期对医疗机构的人体器官移植技术临床应用能力进行评估，并及时公布评估结果；对评估不合格的，国务院卫生健康部门通知原登记部门注销其人体器官移植诊疗科目登记。具体办法由国务院卫生健康部门制定。

【释义】本条是对已经办理人体器官移植诊疗科目登记的医疗机构进行监管的说明。此次修订是对《人体器官移植条例》第十四条的完善，增加了省级以上人民政府卫生健康部门应当建立人体器官移植质量管理和控制制度的规定。要求定期对医疗机构的器官移植技术临床应用能力进行评估，对评估不合格的医疗机构注销其器官移植资质，为加强器官移植管理，提升服务质量提供法律依据。《人体器官移植诊疗科目登记管理办法》第三章临床应用能力评估管理中，要求省级卫生健康行政部门建立人体器官移植临床应用能力评估工作机制，并提出了相应的要求。

各省、自治区、直辖市人民政府卫生健康部门应严格移植医院准入退出管理。建立完善退出机制，对于存在严重违法违规行为、不具备移植条件和能力、虽开展但达不到规定的最低数量要求等情形的医疗机构，注销相应人体器官移植诊疗科目登记；定期组织专家根据人体器官移植技术有关医疗质量控制指标，对辖区内移植医院人体器官移植技术临床应用质量和能力进行评估。评估不合格的，注销人体器官移植诊疗科目登记。

本条规定医疗机构移植质量评估不合格的处理办法。若已经办理人体器官移植诊疗科目登记的医疗机构移植质量评估不合格的，国务院卫生健康部门通知原登记部门注销人体器官移植诊疗科目登记。《人体器官移植诊疗科目登记管理办法》第二十六条还明确"省级卫生健康行政部门对不具备人体器官移植技术临床应用能力和不符合本行政区域人体器官移植医疗机构设置规划的医疗机构不予登记。对已取得人体器官移植相应专业诊疗科目的医疗机构，应当定期组织专家对其人体器官移植技术临床应用能力进行评估，评估不合格的，应当及时注销其人体器官移植相应专业诊疗科目登记"。

第二十七条　实施人体器官移植手术的执业医师应当具备下列条件，经省、自治区、直辖市人民政府卫生健康部门认定，并在执业证书上注明：

（一）有与实施人体器官移植手术相适应的专业技术职务任职资格；

（二）有与实施人体器官移植手术相适应的临床工作经验；

（三）经培训并考核合格。

【释义】本条是对拟开展人体器官移植手术的执业医师应当具备的条件的说明，对开展人体器官移植工作的医师资质提出要求，并确定省级卫生健康行政部门对从事人体器官移植工作医师资质的审核权限。此次修订增加了实施人体器官移植手术的执业医师应当具备的条件以及认定程序，有利于加强人体器官移植医师队伍建设，规范人体器官移植医师培训和管理，提高器官移植技术水平和医疗质量，保障医疗安全。

2013年，按照国务院规范行政审批工作的有关要求，"人体器官移植医师执业资格认定"列入国家卫生健康部门的行政审批项目。2014 年，"人体器官移植医师执业资格认定"审批权限下放至省级卫生健康行政部门。2016 年，国家卫生健康委颁布实施《人体器官移植医师培训与认定管理办法（试行）》和《人体器官移植医师培训基地基本要求（试行）》，明确省级卫生健康行政部门对人体器官移植医师执业资格认定和培训相关工作程序及要求，并加大事中事后监管力度。2024 年，国家卫生健康委印发《人体器官移植技术临床应用管理规定》进一步作出规定：一是明确人体器官移植医师定义；二是明确国家和省级卫生健康委职责；三是规范人体器官移植医师培训；四是明确人体器官移植医师执业资格认定标准及流程；五是明确监督管理要求；六是明确人体器官移植医师培训基地基本条件。

《人体器官移植技术临床应用管理规定》中规定省级卫生健康行政部门应当对人体器官移植医师执业资格认定的申请进行审核。经认定取得相关专业人体器官移植医师执业资格的，由省级卫生健康行政部门在《医师执业证书》中注明；并规定了不予认定人体器官移植医师执业资格的情况。各省、自治区、直辖市人民政府卫生健康部门要落实器官移植医师认定管理有关要求，严格遴选培训基地，确保培训质量，做好移植医师认定有关工作。

第二十八条 移植活体器官的，由从事人体器官移植的医疗机构获取活体器官。获取活体器官前，负责人体器官移植的科室应当向其所在医疗机构的人体器官移植伦理委员会提出获取活体器官审查申请。

人体器官移植伦理委员会收到获取活体器官审查申请后，应当及时对下列事项进行审查：

（一）活体器官捐献意愿是否真实；

（二）有无买卖或者变相买卖活体器官的情形；

（三）活体器官捐献人与接受人是否存在本条例第十一条规定的关系；

（四）活体器官的配型和接受人的适应证是否符合伦理原则和人体器官移植技术临床应用管理规范。

经三分之二以上委员同意，人体器官移植伦理委员会方可出具同意获取活体器官的书面意见。人体器官移植伦理委员会同意获取的，医疗机构方可获取活体器官。

【释义】本条是对开展活体器官移植手术伦理审查的规定。此次修订在《人体器官移植条例》的基础上，规定了开展活体器官移植手术以及伦理审查的流程和具体要求。

一、活体器官移植管理

《人体器官移植技术临床应用管理规定》第十一条规定，移植活体器官的，由从事人体器官移植的医疗机构获取活体器官。医疗机构在获取活体器官前，应当充分告知捐献人获取器官手术风险、术后注意事项、可能发生的并发症及预防措施等，并签署知情同意书。

活体器官的接受人限于活体器官捐献人的配偶、直系血亲或者三代以内旁系血亲。医疗机构及其医务人员未经捐献人同意，不得获取活体器官。不得获取未满 18 周岁公民的活体器官用于移植。

活体器官移植不应当因捐献活体器官而损害捐献人相应的正常生理功能。

二、申请活体移植材料

《人体器官移植技术临床应用管理规定》第十二条规定，从事活体器官移植的医疗机构应当要求申请活体器官移植的捐献人与接受人提交以下相关材料：

1. 由活体器官捐献人签署的捐献人捐献器官书面意愿和活体器官接受人同意接受捐献人捐献器官的书面意愿；

2. 活体器官捐献人、接受人双方合法身份证明文件和反映其亲属关系的户籍证明或司法部门认可的亲属关系证明；

3. 活体器官捐献人与接受人属于配偶关系的，应当提交结婚证原件；

从事活体器官移植的医疗机构应当配备身份证鉴别仪器并留存上述相关材料原件和相关证件的复印件备查。

三、活体器官伦理审查

《人体器官移植伦理委员会工作规则》第十五条规定，人体器官移植伦理委员会收到获取活体器官审查申请后，应当及时对下列事项进行审查：

1. 活体器官捐献意愿是否真实；

2. 有无买卖或者变相买卖活体器官的情形；

3. 活体器官接受人是否为捐献人的配偶、直系血亲或者三代以内旁系血亲，查验《条例》第十一条规定的相关证明材料真实性；

4. 活体器官的配型和移植接受人的适应证是否符合人体器官移植技术临床应用相关技术规范；

5. 活体器官捐献人的健康和心理状态是否适宜捐献器官；

6. 是否符合医学和伦理学原则。

经人体器官移植伦理委员会三分之二以上委员同意，方可出具同意获取活体器官的书面意见。人体器官移植伦理委员会同意获取的，医疗机构方可获取活体器官。

本条对活体器官移植获取活体器官的医疗机构作出了规定，并规定了人体器官移植伦理委员需对获取活体器官进行审查及监督。

移植医院应当按照本条例及国家卫生健康委关于规范活体器官移植的有关规定，认真审核资料，履行查验职责，科学评估风险，审核捐献意愿。医疗机构人体器官移植伦理委员会应当认真审查讨论并出具意见。活体移植的相关资料应当认真保存，留卷备查。

第二十九条　从事人体器官移植的医疗机构及其医务人员获取活体器官前，应当履行下列义务：

（一）向活体器官捐献人说明器官获取手术的风险、术后注意事项、可能发生的并发症及其预防措施等，并与活体器官捐献人签署知情同意书；

（二）查验活体器官捐献人同意捐献其器官的书面意愿、活体器官捐献人与接受人存在本条例第十一条规定关系的证明材料；

（三）确认除获取器官产生的直接后果外不会损害活体器官捐献人其他正常的生理功能。

从事人体器官移植的医疗机构应当保存活体器官捐献人的医学资料，并进行随访。

【释义】本条延续了《人体器官移植条例》第十九条的规定，明确了从事人体器官移植的医疗机构及其医务人员获取活体器官前应当履行的义务。对手术的必要性、风险性都应进行严格的评估并需要查验相应证明材料。

按照《人体器官移植技术临床应用管理规定》第十三条和第十五条的规定，从事人体器官移植的医疗机构及其医务人员获取活体器官前，应当履行下列义务：

1. 查验活体器官捐献人同意捐献其器官的书面意愿、活体器官捐献人与接受人按照要求提交的相关材料的真实性，并确认其关系符合要求；

2. 向活体器官捐献人说明器官获取手术的风险、术后注意事项、可能发生的并发症及其预防措施等，并与活体器官捐献人签署知情同意书；

3. 评估活体器官捐献人的健康状况是否适合捐献器官；

4. 评估获取器官可能对活体器官捐献人健康产生的影响，确认除获取器官产生的直接后果外不会损害活体器官捐献人其他正常的生理功能；

5. 评估接受人是否有接受活体器官移植手术的必要性、适应证；

6. 评估接受人因活体器官移植传播疾病的风险；

7. 根据医学及伦理学原则需要进行的其他评估；

8. 向所在医疗机构的人体器官移植伦理委员会提出获取活体器官审查申请。

医疗机构及其医务人员获取、移植人体器官，应当对人体器官捐献人和获取的人体器官进行医学检查，对接受人接受人体器官移植的风险进行评估，并采取措施降低风险。

第三十条　医疗机构及其医务人员从事人体器官获取、移植，应当遵守伦理原则和相关技术临床应用管理规范。

【释义】本条是对医疗机构及其医务人员从事人体器官获取、移植，应当遵守的原则及技术管理规范的说明。此次修订是对《人体器官移植条例》第十五条的完善，增加了对从事人体器官获取的医疗机构及其医务人员的要求。

从事人体器官获取、移植的医疗机构及其医务人员应遵守基本原则，所有行为应遵守基本伦理原则，医疗活动应遵守相应技术临床应用管理规范。

为规范人体器官获取工作，国家卫生健康委制定《人体捐献器官获取与分配管理规定》，其中要求 OPO 获取捐献器官，应当在捐献人死亡后按照人体器官标准流程和技术规范实施；明确了人体器官获取组织定义和管理责任；明确了 OPO 应当履行的职责，要求医疗机构成立 OPO，应当符合省级卫生计生行政部门规划，并达到 OPO 基本条件，其设置应当独立于人体器官移植科室；明确了人体器官获取组织管理要求，强调在红十字会人体器官捐献协调员现场见证下获取捐献器官，不得在医疗机构以外实施捐献器官获取手术；要求 OPO 应当建立人体器官获取质量管理体系，对 OPO 工作过程进行全流程质量控制。从事人体器官获取的医疗机构及其医务人员应当遵照此规定规范开展人体器官获取工作。

为规范人体器官移植技术临床应用，保障医疗质量与患者安全，国家卫生健康委制定《人体器官移植技术临床应用管理规范（2020 年版）》，其中对医疗机构、人员、技术管理、培训管理都作了详尽的要求。此规范是医疗机构及其医务人员开展人体器官移植技术的基本要求，医疗机构应当遵照执行。

第三十一条　医疗机构及其医务人员获取、移植人体器官，应当对人体器官捐献人和获取的人体器官进行医学检查，对接受人接受人体器官移植的风险进行评估，并采取措施降低风险。

【释义】本条说明了医疗机构及其医务人员获取、移植人体器官，应尽的医学义务及职责。此次修订是对《人体器官移植条例》第十六条的补充和完善，增加了对获取器官的检查，并进一步明确了风险评估的要求。

医疗机构和有关医务人员应当向患者或家属告知病情和医疗措施，患者具有知情同意权。这些规定普遍为医疗机构的诊疗活动所遵循，并取得了很好的实践效果。

《中华人民共和国医师法》第二十五条规定，医师在诊疗活动中应当向患者说明病情、医疗措施和其他需要告知的事项。需要实施手术、特殊检查、特殊治疗的，医师应当及时向患者具体说明医疗风险、替代医疗方案等情况，并取得其明确同意；不能或者不宜向患者说明的，应当向患者的近亲属说明，并取得其明确同意。《医疗机构管理条例》第三十二条规定，医务人员在诊疗活动中应当向患者说明病情和医疗措施。需要实施手术、特殊检查、特殊治疗的，医务人员应当及时向患者具体说明医疗风险、替代医疗方案等情况，并取得其明确同意；不能或者不宜向患者说明的，应当向患者的近亲属说明，并取得其明确同意。因抢救生命垂危的患者等紧急情况，不能取得患者或者其近亲属意见的，经医疗机构负责人或者授权的负责人批准，可以立即实施相应的医疗措施。

本条规定借鉴、吸收了以上现有规定。医疗机构应根据各器官移植操作规范开展器官移植，对人体器官捐献人和获取的人体器官进行医学检查，评估器官质量及移植该器官有无传播疾病的风险，并对接受人接受人体器官移植的风险进行评估，以必要为限，需具有技术可行性，并采取必要措施降低风险。

第三十二条　从事人体器官移植的医疗机构实施人体器官移植手术，除向接受人收取下列费用外，不得收取或者变相收取所移植人体器官的费用：

（一）获取活体器官、切除病损器官、植入人体器官所发生的手术费、检查费、检验费等医疗服务费以及药费、医用耗材费；

（二）向从事遗体器官获取的医疗机构支付的遗体器官获取成本费用。

遗体器官获取成本费用，包括为获取遗体器官而发生的评估、维护、获取、保存、修复和运送等成本。遗体器官获取成本费用的收费原则由国务院卫生健康部门会同国务院发展改革、财政、医疗保障等部门制定，具体收费标准由省、自治区、直辖市人民政府卫生健康部门会同同级发展改革、财政、医疗保障等部门制定。

从事遗体器官获取的医疗机构应当对遗体器官获取成本费用进行单独核算。

【释义】此次修订是对《人体器官移植条例》第二十一条的补充和完善，明确了从事人体器官移植的医疗机构实施人体器官移植手术，向接受人收取的费用及相关规定，着重增加了人体器官获取成本支付、成本构成、成本核算、收费原则和收费标准等相关收费和财务管理等规定，为保障人体器官和移植事业健康可持续发展奠定了良好基础。

一、器官移植手术相关费用

器官移植手术相关费用包括获取活体器官、切除病损器官、植入人体器官所发生的手术费、检查费、检验费等医疗服务费以及药费、医用耗材费。

为推进器官捐献和移植工作健康有序发展，2021年国家医保局会同国家卫生健康委和国家市场监管总局印发了《关于完善器官移植医疗服务价格政策的意见》，规范公立医疗机构相关收费行为。（1）明确政策适用范围。明确了公立医疗机构开展器官移植的过程中，向患者提供医药服务的价格，涉及器官移植和切除手术，护理、治疗、检查检验、输血、麻醉、生命维持、康复等必要的医疗服务，以及消耗的药品和医用耗材。（2）完善移植器官收费方式。移植医院接受遗体捐献器官的，可代为收取捐献器官获取成本费用。（3）规范移植手术价格项目。厘清器官移植手术价格与器官获取使用价格的边界，不重复收费。（4）科学确定价格水平并动态调整。规定手术价格应以弥补人力资源消耗、体现技术劳务价值为主，同时考虑基本的物质消耗和综合成本分摊。

二、遗体器官获取成本费用

《条例》规定，从事人体器官移植的医疗机构要向从事遗体器官获取的医疗机构支付遗体器官获取成本费用，为遗体器官获取成本收费提供了法律依据。

人体器官捐献遵循自愿、无偿的原则，遗体器官获取的费用并非器官的"价格"。器官本身没有任何费用，但在器官评估、功能维护、获取检测、保存运输等过程中会产生相应的成本和费用，主要包括捐献者医学支持、样本留存、遗体修复及善后、器官捐献管理、器官获取手术、器官医学支持、器官转运以及器官捐献者家属在依法办理器官捐献事宜期间的交通、食宿、误工补贴等成本和费用。根据世界卫生组织《人体细胞、组织和器官移植指导原则》，支付器官获取及保障器官安全、质量和功效等过程中产生的合理和可证实的成本和费用符合国际通行器官移植伦理。

2021年，国家卫生健康委员会同财政部等七部门联合印发了《人体捐献器官获取收费和财务管理办法（试行）》，对人体捐献器官获取收费管理和财务管理进行规范，着力建立完善人体器官获取收费管理和财务管理机制。立足于人体器官捐献和移植事业的发展，以成本补偿为基础，统筹考虑群众可承受度和医疗机构劳务价值，明确人体器官获取使用成本，着力建立完善人体器官获取收费管理机制。《人体捐献器官获取收费和财务管理办法（试行）》明确了捐献器官获取使用的成本构成，为成本测算提供依据和指南。捐献器官获取成本分为直接成本和间接成本。直接成本包括器官捐献者相关的成本、器官获取相关的成本、器官捐献者家属相关的成本等。其中，器官捐献者相关的成本主要包括捐献者医学支持成本、样本留存成本、遗体修复及善后成本和器官捐献管理成本等。器官获取相关的成本主要包括器官获取手术成本、器官医学支持成本和器官转运成本等。器官捐献者家属相关的成本主要包括器官捐献者家属在依法办理器官捐献事宜期间的交通、食宿、误工补贴等成本。间接成本为OPO运行和管理成本。遗体捐献器官获取过程中发生的服务和资源消耗，由OPO向服务主体付费，列入OPO获取捐献遗体器官的成本。此次修订规定了遗体器官获取成本费用，包括为获取遗体器官而发生的评估、维护、获取、保存、修复和运送等成本，并进行单独核算，为加强人体器官获取和移植收费管理提供了法治保障。

三、收费原则和标准

《条例》规定，遗体器官获取成本费用的收费原则由国务院卫生健康部门会同国务院发展改革、财政、医疗保障等部门制定，具体收费标准由省、自治区、直辖市人民政府卫生健康部门会同同级发展改革、财政、医疗保障等部门制定。同时，《人体捐献器官获取收费和财务管理办法（试行）》也要求各地落实工作要求，制定全省统一的捐献器官获取收费标准，出台捐献器官获取收费管理和财务管理的实施细则。目前，绝大部分省份已经制定了本地区遗体捐献器官获取收费标准和细化的财务管理规定，围绕《条例》和《人体捐献器官获取收费和财务管理办法（试行）》完善配套政策措施，细化政策要求，优化工作机制，加强制度约束，为推动器官捐献和移植工作实现高质量发展提供法制保障。

第三十三条　人体器官捐献协调员、医疗机构及其工作人员应当对人体器官捐献人、接受人和申请人体器官移植手术患者的个人信息依法予以保护。

【释义】本条是对人体器官移植医疗活动中所涉及人员的个人信息安全的规定。此次修订在《人体器官移植条例》第二十三条的基础上，明确了相关人员保护人体器官捐献人、接受人和申请人体器官移植手术患者的个人信息的义务。

《中华人民共和国民法典》"总则编"第五章民事权利规定了隐私权和个人信息，"人格权编"第六章详细规定了隐私权和个人信息保护的内容。基于医患关系的特殊性以及医患纠纷中的现实矛盾，本条对人体器官移植手术患者的隐私和个人信息保护作了专门规定。患者到医院就医，医务人员首先要知晓患者的病情与既往病史，要根据患者的陈述制作门诊或住院病历。在必要的情况下，还需对患者的身体进行接触和观察，以便对疾病进行正确的诊疗。正是基于诊疗活动本身的特点，医务人员在其执业活动中极易掌握患者的隐私和个人信息。因此，对于其基于患者的信赖而在执业活动中知悉的患者的隐私和个人信息，医疗机构及其医务人员应当负有保密的义务。

医疗机构及其医务人员应当保护患者隐私和个人信息，妥善管理患者的医学文书及有关资料。

一、保护患者的隐私和个人信息

泄露患者隐私，既包括医疗机构及其医务人员将其在诊疗活动中掌握的患者的隐私和个人信息对外公布、披露的行为，如对外散布患者患有性病、艾滋病的事实，导致患者隐私暴露，精神遭受巨大痛苦，也包括未经患者同意而将患者的身体暴露给与诊疗活动无关人员的行为。在医患关系中，医疗机构及其医务人员不得向无关人员泄露患者隐私和个人信息。这里需要说明两点：第一，到医疗机构就医，患者披露一定隐私、提供部分个人信息是因治疗所必须时，施治医务人员接触患者隐私和个人信息无疑是合法的，但也应以其治疗活动所应接触的必要范围为限，且不得对外泄露。第二，医学院学生教学观摩问题。尽管行政机关确定某些医院负有教学实习的义务，该义务仅及于教学医院一方，对患者来说不具有法律约束力，即患者并不负有放弃自己的隐私和个人信息来满足教学医院进行教学的义务。教学医院与见习学生之间、教学医院与患者之间是两个不同的法律关系，受不同法律规范的约束。

二、妥善管理患者的医学文书及有关资料

患者在就诊过程中，一般会配合医务人员的问询，披露自己的病情、病史、症状等一系列个人信息，以配合医务人员的诊疗。同时，医务人员会根据患者的陈述，将该部分信息形成患者的病历资料等医学文书。在很多情况下，为了医学发展，还需要将患者信息汇集、整理，提供给医药研究机构或者企业。这部分记载有患者隐私内容的医学文书及相关资料一旦被披露，不但会引起患者内心的精神痛苦，还往往会导致患者社会评价的降低，比如患者的某种身体缺陷、曾患有伤风化的疾病等。实践中，医疗机构及其医务人员未经患者同意公开其医学文书及有关资料的情况，也分为两种：第一，出于医学会诊、医学教学或者传染性疾病防治等目的，公开或者提供患者的医学文书及有关资料；第二，医疗机构本身对医学文书及有关资料的管理不善，向未取得患者授权的人公开，造成患者损害的行为。对于第一种情况，在考虑患者隐私保护的同时，还要兼顾医学本身的特点以及医疗行业公益性的需要。在该种情况下，判断侵权责任是否成立的一个关键，就是看是否造成患者的损害。人体器官捐献人、接受人和申请人体器官移植手术患者的个人信息都应依法受到保护。

第三十四条　国家建立人体器官获取、移植病例登记报告制度。从事人体器官获取、移植的医疗机构应当将实施人体器官获取、移植的情况向所在地省、自治区、直辖市人民政府卫生健康部门报告。

【释义】本条是对人体器官移植活动的数据登记、报告制度的规定。此次修订是对《人体器官移植条例》第二十四条的补充和

完善，明确提出国家建立人体器官获取、移植病例登记报告制度，为医疗机构做好登记报告工作提供了法律依据。

我国已经建立人体器官捐献和器官移植数据中心，对人体器官获取、移植病例逐一登记。除向器官捐献移植各数据中心在线汇报以外，从事人体器官捐献、移植的医疗机构还应向本辖区省级卫生健康行政主管部门汇报人体器官捐献、移植的具体情况。省级卫生健康行政部门应当加强对数据、信息上报和登记的日常监管，定期通报相关情况。

按照《人体器官捐献和移植数据管理办法》第五条规定，省级卫生健康行政部门督促指导辖区内各具有人体器官移植资质医院按照规定报送移植数据，定期对移植数据报送工作开展督导检查，使用信息系统省级监管平台加强辖区内人体器官移植监管。

第四章　法律责任

第三十五条　国家健全行政执法与刑事司法衔接机制，依法查处人体器官捐献和移植中的违法犯罪行为。

【释义】本条是明确人体器官捐献和移植工作中健全行政执法与刑事司法衔接（以下简称"行刑衔接"）的规定。为加强行刑衔接，建立信息共享、沟通便捷、防范有力的协作机制，及时查处打击违法犯罪行为，此次修订明确了人体器官捐献和移植的协同监督方式，对破坏人体器官捐献和移植事业构成犯罪行为的，及时移送司法机关处理。

行刑衔接机制是指行政执法机关将在行政执法过程中发现的涉嫌犯罪的案件或者线索移送至有管辖权的刑事司法机关，以及刑事司法机关将在办理刑事案件过程中发现的、需要追究行政违法责任的案件或者线索移送行政执法机关的工作机制。

在人体器官捐献和移植工作中，若出现医疗机构及相关人员违反《条例》规定的情形，县级以上人民政府卫生健康部门应与当地公安部门建立案件信息共享机制，实现案情通报常态化，依法查处人体器官捐献和移植中的违法犯罪行为。信息共享机制包括反向衔接制度。《中华人民共和国行政处罚法》第二十七条中规定，对依法不需要追究刑事责任或者免予刑事处罚，但应当给予行政处罚的，司法机关应当及时将案件移送有关行政机关。依此规定，对于涉及行政处罚的案件信息，司法机关应当及时向相关行政机关提供。

该条为《条例》修订时的新增条款，这表明国家对健全行刑衔接机制的重视。《条例》更加关注"衔接互通"的本质，这是对修改后的《中华人民共和国行政处罚法》和《中华人民共和国刑事诉讼法》中相关内容的呼应，也彰显了法治的不断进步。

第三十六条　违反本条例规定，有下列情形之一，构成犯罪的，依法追究刑事责任：

（一）组织他人出卖人体器官；

（二）未经本人同意获取其活体器官，或者获取未满 18 周岁公民的活体器官，或者强迫、欺骗他人捐献活体器官；

（三）违背本人生前意愿获取其遗体器官，或者本人生前未表示同意捐献其遗体器官，违反国家规定，违背其配偶、成年子女、父母意愿获取其遗体器官。

医务人员有前款所列情形被依法追究刑事责任的，由原执业注册部门吊销其执业证书，终身禁止其从事医疗卫生服务。

【释义】本条是关于人体器官捐献工作中的违法行为及其应当承担的法律责任的规定。此次修订在《人体器官移植条例》第二十五条的基础上，根据《中华人民共和国刑法修正案（八）》增加了应追究刑事责任的内容以及对违法行为相关医务人员的惩罚措施。

一、违反《条例》规定的三种情形

（一）组织他人出卖人体器官

《中华人民共和国刑法》第二百三十四条之一第一款规定，组织他人出卖人体器官的，处五年以下有期徒刑，并处罚金；情节严重的，处五年以上有期徒刑，并处罚金或者没收财产。《中华人民共和国民法典》第一千零七条规定，禁止以任何形式买卖人体细胞、人体组织、人体器官、遗体。违反前款规定的买卖行为无效。《条例》第六条规定，任何组织或者个人不得以任何形式买卖人体器官，不得从事与买卖人体器官有关的活动。《条例》的修订将会更好地与《中华人民共和国民法典》和《中华人民共和国刑法》相衔接。

（二）未经本人同意获取其活体器官，或者获取不满 18 周岁公民的活体器官，或者强迫、欺骗他人捐献活体器官

《中华人民共和国刑法》第二百三十四条之一第二款规定，未经本人同意获取其器官，或者获取不满十八周岁的人的器官，或者强迫、欺骗他人捐献器官的，依照本法第二百三十四条（故意伤害罪）、第二百三十二条（故意杀人罪）的规定定罪处罚。

根据《条例》第二十八条规定，获取活体器官前，人体器官移植伦理委员会收到获取活体器官审查申请后，应当及时对活体器官捐献意愿是否真实进行审查。根据《条例》第二十九条规定，从事人体器官移植的医疗机构及其医务人员获取活体器官前，应当履行的义务包括查验活体器官捐献人同意捐献其器官的书面意愿。医疗机构应当按照第二十八、二十九条规定，对活体器官捐献人的捐献意愿进行明确的核实。

《条例》第十条规定，任何组织或者个人不得获取未满 18 周岁公民的活体器官用于移植。依照《中华人民共和国未成年人保护法》，《条例》中明确规定不得获取未成年人活体器官，若有医疗机构或个人获取未满 18 周岁公民的活体器官，应当承担法律责任。

《条例》第八条中规定，任何组织或者个人不得强迫、欺骗或者利诱他人捐献人体器官。《中华人民共和国民法典》第一千零六条第一款规定，完全民事行为能力人有权依法自主决定无偿捐献其人体细胞、人体组织、人体器官、遗体。任何组织或者个人不得强迫、欺骗、利诱其捐献。《中华人民共和国民法典》和《条例》均强调公民捐献意愿的重要性，医疗机构或个人强迫、欺骗他人捐献活体器官，应当承担相应的法律责任。

（三）违背本人生前意愿获取其遗体器官，或者本人生前未表示同意捐献其遗体器官，违反国家规定，违背其配偶、成年子女、父母意愿获取其遗体器官

《中华人民共和国刑法》第二百三十四条之一第三款规定，违背本人生前意愿获取其尸体器官，或者本人生前未表示同意，违反国家规定，违背其近亲属意愿获取其尸体器官的，依照本法第三百零二条（盗窃、侮辱、故意毁坏尸体罪）的规定定罪处罚。

《条例》第八条中规定，人体器官捐献应当遵循自愿、无偿的原则。公民享有捐献或者不捐献其人体器官的权利。第九条中规定具有完全民事行为能力的公民有权依法自主决定捐献其人体器官。公民表示捐献其人体器官的意愿，应当采用书面形式，也可以订立遗嘱。公民对已经表示捐献其人体器官的意愿，有权予以撤销。公民生前表示不同意捐献其遗体器官的，任何组织或者个人不得捐献、获取该公民的遗体器官。以上两条规定对人体器官捐献的自愿原则予以明确规定，医疗机构或相关人员违背本人生前意愿获取遗体器官的，应当承担法律责任。

《条例》第九条中规定，公民生前未表示不同意捐献其遗体器官的，该公民死亡后，其配偶、成年子女、父母可以共同决定捐献，决定捐献应当采用书面形式。该条规定对医疗机构获取遗体

器官的亲属意愿予以明确，当本人生前未表示不同意捐献，要求必须由配偶、成年子女、父母共同同意方能获取遗体器官，因此，医疗机构必须严格明确遗体器官获取的意愿。

二、医务人员出现上述三种违反《条例》规定情形，构成犯罪被追究刑事责任，执业注册部门的处理措施

医务人员出现违反本条规定情形，构成犯罪的，除按照《中华人民共和国刑法》第二百三十四条之一规定，应当被追究刑事责任外，还应当受到行政处罚。卫生健康行政部门应当吊销其执业证书，终身禁止其从事医疗卫生服务。

《条例》的修订，加大行业禁入处罚力度，将严重违法者逐出医疗卫生服务领域。

第三十七条　违反本条例规定，买卖人体器官或者从事与买卖人体器官有关活动的，由县级以上地方人民政府卫生健康部门没收违法所得，并处交易额 10 倍以上 20 倍以下的罚款；医疗机构参与上述活动的，还应当由原登记部门吊销该医疗机构的人体器官移植诊疗科目，禁止其 10 年内从事人体器官获取或者申请从事人体器官移植，并对负有责任的领导人员和直接责任人员依法给予处分，情节严重的，由原执业登记部门吊销该医疗机构的执业许可证或者由原备案部门责令其停止执业活动；医务人员参与上述活动的，还应当由原执业注册部门吊销其执业证书，终身禁止其从事医疗卫生服务；构成犯罪的，依法追究刑事责任。

公职人员参与买卖人体器官或者从事与买卖人体器官有关活动的，依法给予撤职、开除处分；构成犯罪的，依法追究刑事责任。

【释义】本条是关于违反《条例》规定买卖人体器官所应当承

担法律责任的规定。此次修订在《人体器官移植条例》第二十六条的基础上，延长了禁止医疗机构申请从事人体器官移植的时限，并加大行业禁入处罚力度，加大了对违法医务人员和公职人员的处罚力度。

《条例》第六条明确了任何组织或者个人不得以任何形式买卖人体器官，不得从事与买卖人体器官有关的活动。《条例》的修订加大对违规行为的打击力度，提高威慑力。一是加大对医务人员违规开展人体器官移植工作的处罚力度，建立终身禁入制度。二是加大行业禁入处罚力度，综合采用吊销许可证件、一定时间直至终身禁止从事相关活动等处罚。

一、对罚款的规定

有买卖人体器官或者从事与买卖人体器官有关活动的情形，县级以上地方人民政府卫生健康部门没收违法所得，并根据情节严重程度处交易额 10 倍以上 20 倍以下的罚款。

二、对医疗机构的处罚

根据医疗机构违反《条例》规定情形、后果严重程度等，县级以上地方人民政府卫生健康部门作出不同的处理。

1. 吊销人体器官移植诊疗科目。医疗机构参与买卖人体器官或者从事与买卖人体器官有关活动的，卫生健康部门应当吊销该医疗机构人体器官移植诊疗科目，同时禁止其 10 年内从事人体器官获取或者申请从事人体器官移植。

2. 情节严重的，吊销执业许可证或停止执业活动。

医疗机构参与买卖人体器官造成患者人身严重损害或严重社

会影响的，卫生健康行政部门在行政处罚时，可根据违法情节的严重情况，吊销《医疗机构执业许可证》或由原备案部门责令停止执业活动。

三、对主要负责人和责任人的处分

当医疗机构出现买卖人体器官或者从事与买卖人体器官有关活动的情形，除了对医疗机构行政处罚外，还应当同时追究医疗机构负有责任的领导人员和直接责任人员的责任，视情节给予警告、记过、降低岗位等级或撤职、开除等处分。

四、对医务人员的处分

医务人员参与买卖人体器官或从事与买卖人体器官有关活动的，应承担两种法律责任。

1. 行政法律责任。除按上述标准处以罚金外，医务人员参与买卖人体器官的，还应当由卫生健康部门吊销其执业证书，并终身禁止其从事医疗卫生服务。《条例》加大了对参与买卖人体器官的惩处力度，最大程度上打击人体器官捐献和移植工作中的违法行为。

2. 刑事法律责任。构成犯罪的，依法追究刑事责任。《中华人民共和国刑法》第二百三十四条之一第一款规定，组织他人出卖人体器官的，处五年以下有期徒刑，并处罚金；情节严重的，处五年以上有期徒刑，并处罚金或者没收财产。

五、对公职人员的处分

公职人员参与上述活动的，同样需要承担两种法律责任。

1. 处分。公职人员若参与买卖人体器官或者从事与买卖人体器官有关活动的，应当根据《中华人民共和国公职人员政务处分法》规定，给予撤职、开除处分；

2. 刑事法律责任。构成犯罪的，依法追究刑事责任。

第三十八条　医疗机构未办理人体器官移植诊疗科目登记，擅自从事人体器官移植的，由县级以上地方人民政府卫生健康部门没收违法所得，并处违法所得 10 倍以上 20 倍以下的罚款，禁止其 5 年内从事人体器官获取或者申请从事人体器官移植，对负有责任的领导人员和直接责任人员依法给予处分，对有关医务人员责令暂停 1 年执业活动；情节严重的，还应当由原执业登记部门吊销该医疗机构的执业许可证或者由原备案部门责令其停止执业活动，并由原执业注册部门吊销有关医务人员的执业证书。

医疗机构不再具备本条例第二十三条第二款规定的条件，仍从事人体器官移植的，由原登记部门没收违法所得，并处违法所得 5 倍以上 10 倍以下的罚款，吊销该医疗机构的人体器官移植诊疗科目，禁止其 3 年内从事人体器官获取或者申请从事人体器官移植，并对负有责任的领导人员和直接责任人员依法给予处分；情节严重的，还应当由原执业登记部门吊销该医疗机构的执业许可证，并对有关医务人员责令暂停 6 个月以上 1 年以下执业活动。

【释义】本条是关于医疗机构不履行《条例》规定进行人体器官移植诊疗科目登记及注销所应承担法律责任的规定。此次修订在《人体器官移植条例》第二十七条第一款的基础上，细化了医疗机构及其领导人员和直接责任人员、医务人员等惩处规定。

一、对医疗机构出现未办理人体器官移植诊疗科目登记，擅自从事人体器官移植，县级以上地方人民政府卫生健康部门的处理措施

（一）对医疗机构的处罚

《条例》第二十三条规定，医疗机构从事人体器官移植，应当向国务院卫生健康部门提出申请。国务院卫生健康部门审查同意的，通知申请人所在地省、自治区、直辖市人民政府卫生健康部门办理人体器官移植诊疗科目登记，在申请人的执业许可证上注明获准从事的人体器官移植诊疗科目。本条针对不同的违反规定情形、严重程度等，县级以上地方人民政府卫生健康部门作出不同的处罚措施。

1. 没收违法所得并处罚款。若医疗机构未办理人体器官移植诊疗科目登记，擅自从事人体器官移植的，由县级以上地方人民政府卫生健康部门没收违法所得，并处违法所得10倍以上20倍以下的罚款。

2. 禁止从事相关工作。医疗机构未办理诊疗科目登记，擅自从事人体器官移植的，卫生健康部门应当禁止该医疗机构5年内从事人体器官获取或者申请从事人体器官移植。

3. 情节严重的，吊销执业许可证或者责令停止执业活动。医疗机构因未办理诊疗科目登记擅自从事人体器官移植造成患者人身严重损害或严重社会影响的，卫生健康部门应当吊销其《医疗机构执业许可证》或责令其停止执业活动。

（二）对主要负责人和责任人的处分

当医疗机构出现上述违反《条例》规定的情形，除了对医疗机构行政处罚外，还应当同时追究医疗机构负有责任的领导人员和直接责任人员的责任，视情节给予警告、记过、降低岗位等级或撤职、开除等处分。

（三）对有关医务人员的处分

对未办理诊疗科目登记擅自从事人体器官移植的医疗机构的相关医务人员，由县级以上地方人民政府卫生健康部门责令暂停其1年执业活动。在情节严重时，由原执业注册部门吊销有关医务人员执业证书。

二、对医疗机构未按《条例》规定注销人体器官移植诊疗科目，县级以上地方人民政府卫生健康部门的处理措施

（一）对医疗机构的处罚

《条例》第二十五条规定，已经办理人体器官移植诊疗科目登记的医疗机构不再具备《条例》第二十三条第二款规定条件的，应当停止从事人体器官移植，并向原登记部门报告。若医疗机构不具备《条例》规定条件仍从事人体器官移植的，由原登记部门没收违法所得，并处违法所得5倍以上10倍以下的罚款，吊销该医疗机构的人体器官移植诊疗科目，并禁止其3年内从事人体器官获取或者申请从事人体器官移植。情节严重的，还应当由原执业登记部门吊销该医疗机构的执业许可证。

（二）对主要负责人和责任人的处分

除了对医疗机构行政处罚外，还应当同时追究医疗机构负有责任的领导人员和直接责任人员的责任，视情节给予警告、记过、降低岗位等级或撤职、开除等处分。

（三）对有关医务人员的处分

对不再具备《条例》第二十三条第二款规定的条件，仍从事人体器官移植的医疗机构的有关医务人员，由卫生健康部门责令

暂停 6 个月以上 1 年以下执业活动。

第三十九条　医疗机构安排不符合本条例第二十七条规定的人员实施人体器官移植手术的，由县级以上地方人民政府卫生健康部门没收违法所得，并处 10 万元以上 50 万元以下的罚款，由原登记部门吊销该医疗机构的人体器官移植诊疗科目，禁止其 3 年内从事人体器官获取或者申请从事人体器官移植，并对负有责任的领导人员和直接责任人员依法给予处分；情节严重的，还应当由原执业登记部门吊销该医疗机构的执业许可证；对有关人员，依照有关医师管理的法律的规定予以处罚。

【释义】本条是关于医疗机构安排不符合《条例》规定的医师实施人体器官移植手术所应承担法律责任的规定。此次修订在《人体器官移植条例》的基础上，增加了对安排不符合《条例》第二十七条规定的人员实施人体器官移植手术的医疗机构的处罚。

对医疗机构安排未获得人体器官移植医师资格认定的人员实施人体器官移植手术的，由县级以上地方人民政府卫生健康部门作出以下处理：

一、对医疗机构的处罚

根据《条例》第二十三条规定，医疗机构从事人体器官移植，应当具备与从事人体器官移植相适应的管理人员、执业医师和其他医务人员和满足人体器官移植所需要的设备、设施、技术能力。第二十七条规定，实施人体器官移植手术的执业医师应当有与实施人体器官移植手术相适应的专业技术职务任职资格和临床经验，经培训并考核合格。医疗机构违反第二十七条规定，安排不符合

《条例》规定的人员实施人体器官移植手术的，由县级以上人民政府卫生健康部门没收违法所得，并处 10 万元以上 50 万元以下的罚款，并由原登记部门吊销该医疗机构的人体器官移植诊疗科目，禁止其 3 年内从事人体器官获取或者申请从事人体器官移植。情节严重的，吊销其《医疗机构执业许可证》。

二、对主要负责人和责任人的处分

医疗机构安排不符合《条例》第二十七条规定的人员实施人体器官移植手术的情形，除了对医疗机构行政处罚外，还应当同时追究医疗机构负有责任的领导人员和直接责任人员的责任，视情节给予警告、记过、降低岗位等级或撤职、开除等处分。

三、对有关人员的处分

按照《中华人民共和国医师法》第五十七条规定进行处理。《中华人民共和国医师法》第五十七条规定："违反本法规定，医师未按照注册的执业地点、执业类别、执业范围执业的，由县级以上人民政府卫生健康主管部门或者中医药主管部门责令改正，给予警告，没收违法所得，并处一万元以上三万元以下的罚款；情节严重的，责令暂停六个月以上一年以下执业活动直至吊销医师执业证书。"《条例》第二十七条规定："实施人体器官移植手术的执业医师应当具备下列条件，经省、自治区、直辖市人民政府卫生健康部门认定，并在执业证书上注明：（一）有与实施人体器官移植手术相适应的专业技术职务任职资格；（二）有与实施人体器官移植手术相适应的临床工作经验；（三）经培训并考核合格。"本条规定的不符合《条例》第二十七条规定的人员可按医师未按注册执业范围执业的情形进行处理。其中，情节严重的，吊销

《医师执业证书》。

第四十条　医疗机构违反本条例规定，有下列情形之一的，由县级以上地方人民政府卫生健康部门没收违法所得，并处 10 万元以上 50 万元以下的罚款，对负有责任的领导人员和直接责任人员依法给予处分，对有关医务人员责令暂停 6 个月以上 1 年以下执业活动，并可以由原登记部门吊销该医疗机构的人体器官移植诊疗科目，禁止其 3 年内从事人体器官获取或者申请从事人体器官移植；情节严重的，还应当由原执业登记部门吊销该医疗机构的执业许可证或者由原备案部门责令其停止执业活动，并可以由原执业注册部门吊销有关医务人员的执业证书：

（一）不具备本条例第十五条第一款规定的条件从事遗体器官获取；

（二）未按照所在地省、自治区、直辖市人民政府卫生健康部门划定的区域提供遗体器官获取服务；

（三）从事人体器官获取、移植的医务人员参与遗体器官捐献人的死亡判定；

（四）未通过分配系统分配遗体器官，或者不执行分配系统分配结果；

（五）使用未经分配系统分配的遗体器官或者来源不明的人体器官实施人体器官移植；

（六）获取活体器官前未依照本条例第二十九条第一款的规定履行说明、查验、确认义务；

（七）以伪造、篡改数据等方式干扰遗体器官分配。

【释义】本条是关于医疗机构不履行《条例》中器官获取与分配相关规定所应承担的法律责任。此次修订在《人体器官移植条例》的基础上，增加了对人体器官获取与分配领域违规行为的相关处罚措施。

一、医疗机构违反《条例》规定的六种情形

（一）不具备相应条件从事遗体器官获取或（和）未按照相应划定区域获取遗体器官

不具备从事遗体器官获取条件的医疗机构从事遗体器官获取或未按照既定区域获取的，医疗机构及相关人员应当承担责任。《条例》第十五条第一款对从事遗体器官获取的医疗机构所需条件进行了列举，包括：有专门负责遗体器官获取的部门以及与从事遗体器官获取相适应的管理人员、执业医师和其他医务人员；有满足遗体器官获取所需要的设备、设施和技术能力；有符合《条例》第十八条第一款规定的人体器官移植伦理委员会；有完善的遗体器官获取质量管理和控制等制度。该条规定的主要目的在于规范遗体器官获取工作，保障获取器官质量。此外，从事获取遗体器官的医疗机构还应当严格按照省、自治区、直辖市人民政府卫生健康部门划定的区域获取遗体器官，严禁跨区域获取遗体器官。这体现了维护人体器官获取与分配的公平、公正、公开，坚决遏制和打击器官获取和分配违规行为的决心。

（二）从事人体器官获取、移植的医务人员参与遗体器官捐献人死亡判定

《条例》第十九条第一款中规定从事人体器官获取、移植的医务人员不得参与捐献人的死亡判定。该条规定根据世界卫生组织《人体细胞、组织和器官移植指导原则》"确定潜在捐献人死亡的医生，不应直接参与从捐献人身上摘取细胞、组织或器官，或参

与随后的移植步骤"制定，主要目的是确保遗体器官捐献人死亡判定的公正性和正确性，避免有可能引起的利益冲突。未落实该规定的，应当承担法律责任。

（三）未通过分配系统分配遗体器官，或者不执行分配系统分配结果

《条例》第二十一条中规定，遗体器官应当通过国务院卫生健康部门设立的分配系统统一分配。医疗机构及其医务人员应当执行分配系统分配结果。捐献器官必须通过中国人体器官分配与共享计算机系统（COTRS）进行分配，保证捐献器官可溯源，任何机构、组织和个人不得在器官分配系统外擅自分配捐献器官，移植医院应当严格执行分配结果。各医疗机构应通过分配系统分配遗体器官，并严格执行分配系统分配结果。

（四）使用未经分配系统分配的遗体器官或者来源不明的人体器官实施人体器官移植

COTRS 对确保我国器官移植工作的公开、透明、可溯源管理发挥重要作用。《条例》第二十一条第二款中规定，禁止医疗机构及其医务人员使用未经分配系统分配的遗体器官或者来源不明的人体器官实施人体器官移植。

（五）获取活体器官前未依照《条例》第二十九条第一款的规定履行说明、查验、确认义务

《条例》第二十九条第一款规定从事人体器官移植的医疗机构及其医务人员获取活体器官前，应当履行下列义务：（1）向活体器官捐献人说明器官获取手术的风险、术后注意事项、可能发生的并发症及其预防措施等，并与活体器官捐献人签署知情同意书；（2）查验活体器官捐献人同意捐献其器官的书面意愿、活体器官捐献人与接受人存在《条例》第十一条规定关系的证明材料；

（3）确认除获取器官产生的直接后果外不会损害活体器官捐献人其他正常的生理功能。

（六）以伪造、篡改数据等方式干扰遗体器官分配

《条例》第二十一条第一款中规定从事遗体器官获取、移植的医疗机构应当在分配系统中如实录入遗体器官捐献人、申请人体器官移植手术患者的相关医学数据并及时更新，不得伪造、篡改数据。伪造、篡改数据的情形，涉嫌操纵器官流向，达到定向分配器官的目的，严重违反器官公平分配原则，要作为日常监督检查的重点内容。

二、对医疗机构出现上述六种违反《条例》规定情形，县级以上地方行政部门的处理措施

（一）对医疗机构的处罚

根据医疗机构违反《条例》规定情形、改正情况、后果严重程度等，作出不同的处罚措施。

1. 县级以上地方人民政府卫生健康部门没收违法所得，并处10万元以上50万元以下的罚款。

2. 可以由原登记部门吊销该医疗机构的人体器官移植诊疗科目，禁止其3年内从事人体器官获取或者申请从事人体器官移植。

3. 情节严重的，应当由原执业登记部门吊销该医疗机构的执业许可证或者由原备案部门责令其停止执业活动。

（二）对医疗机构负有责任的领导人员和直接责任人员的处分

1. 对负有责任的领导人员和直接责任人员依法给予处分。

2. 有关医务人员责令暂停6个月以上1年以下执业活动。

3. 情节严重的，可以由原执业注册部门吊销有关医务人员执业证书。

第四十一条　违反本条例规定,有下列情形之一的,由县级以上地方人民政府卫生健康部门没收违法所得,并处 10 万元以上 50 万元以下的罚款,对负有责任的领导人员和直接责任人员依法给予处分;医疗机构有下列情形之一的,还应当由原登记部门吊销该医疗机构的人体器官移植诊疗科目,禁止其 3 年内从事人体器官获取或者申请从事人体器官移植,情节严重的,由原执业登记部门吊销该医疗机构的执业许可证或者由原备案部门责令其停止执业活动;医务人员有下列情形之一的,还应当责令其暂停 6 个月以上 1 年以下执业活动,情节严重的,由原执业注册部门吊销其执业证书;构成犯罪的,依法追究刑事责任:

(一) 以获取遗体器官为目的跨区域转运潜在遗体器官捐献人;

(二) 违反本条例第十六条第四款规定,转介潜在遗体器官捐献人的相关信息;

(三) 在人体器官捐献和移植中提供虚假材料。

【释义】本条是关于《条例》中以获取遗体器官为目的跨区域转运潜在遗体器官捐献人等行为所应承担的法律责任。此次修订在《人体器官移植条例》的基础上,重点针对违规跨区域转运遗体器官捐献人、转介潜在遗体器官捐献人的相关信息等违规行为的处罚。

一、违反《条例》规定的三种情形

(一) 以获取遗体器官为目的跨区域转运潜在遗体器官捐献人

根据《条例》第十六条规定,医疗机构 OPO 应当在省级卫生健康行政部门划定的区域内实施捐献器官的获取。任何组织或者个人不得以获取遗体器官为目的跨区域转运潜在遗体器官捐献人。

医疗机构发现符合捐献条件且有捐献意愿的潜在遗体器官捐献人的，应当向其所在区域从事遗体器官获取的医疗机构报告，接到报告的医疗机构应当向所在地省、自治区、直辖市红十字会通报。如果以获取遗体器官为目的跨区域转运潜在遗体器官捐献人，应当承担相应的法律责任。

（二）违反《条例》第十六条规定，转介潜在遗体器官捐献人的相关信息

《条例》第十六条中规定，任何组织或者个人不得向省级卫生健康行政部门所划定负责提供遗体器官获取服务医疗机构和省、自治区、直辖市红十字会之外的组织或者个人转介潜在遗体器官捐献人的相关信息。转介潜在遗体器官捐献人的相关信息从中谋取利益是违法行为。

（三）在人体器官捐献和移植中提供虚假材料

本条中所指的材料主要包括捐献中关于亲属关系的相关证明材料、捐献同意书等。

二、上述三种违反《条例》规定情形的法律责任

医疗机构、医务人员等所有主体出现上述三种情形的，由县级以上地方人民政府卫生健康部门没收违法所得，并处 10 万元以上 50 万元以下的罚款，对负有责任的领导人员和直接责任人员依法给予处分。

医疗机构、医务人员违反本条规定，有上述三种情形的，还应当适用如下处罚措施：

（一）对医疗机构的处罚

根据医疗机构违反《条例》规定的具体情形、改正情况、后

果严重程度等，还应当作出不同的行政处罚措施。

1. 由原登记部门吊销该医疗机构的人体器官移植诊疗科目，禁止其 3 年内从事人体器官获取或者申请从事人体器官移植。

2. 情节严重的，由原执业登记部门吊销该医疗机构的执业许可证或者由原备案部门责令其停止执业活动。

3. 对医疗机构负有责任的领导人员和直接责任人员依法给予处分。

（二）对医务人员的处罚。

1. 责令有关医务人员暂停 6 个月以上 1 年以下执业活动。

2. 情节严重的，由原执业注册部门吊销有关医务人员的执业证书。

3. 构成犯罪的，依法追究有关医务人员刑事责任。

第四十二条　医疗机构未经人体器官移植伦理委员会审查同意获取人体器官的，由县级以上地方人民政府卫生健康部门处 20 万元以上 50 万元以下的罚款，由原登记部门吊销该医疗机构的人体器官移植诊疗科目，禁止其 3 年内从事人体器官获取或者申请从事人体器官移植，并对负有责任的领导人员和直接责任人员依法给予处分；情节严重的，还应当由原执业登记部门吊销该医疗机构的执业许可证，并由原执业注册部门吊销有关医务人员的执业证书。

人体器官移植伦理委员会审查获取人体器官申请时违反伦理原则或者出具虚假审查意见的，对有关责任人员依法给予处分，由县级以上地方人民政府卫生健康部门终身禁止其从事医学伦理审查活动。

【释义】本条是关于医疗机构及人体器官移植伦理委员会不履

行和不正确履行《条例》中伦理审查相关规定所应承担的法律责任。此次修订在《人体器官移植条例》第二十九条的基础上，细化了对违反有关人体器官移植伦理委员会审查规定的相关惩处措施。

一、医疗机构未经人体器官移植伦理委员会审查同意获取人体器官的处理

《条例》第十七条规定，获取遗体器官前，负责遗体器官获取的部门应当向其所在医疗机构的人体器官移植伦理委员会提出获取遗体器官审查申请。第十八条中规定，人体器官移植伦理委员会同意获取的，医疗机构方可获取遗体器官。第二十八条中规定，获取活体器官前，负责人体器官移植的科室应当向其所在医疗机构的人体器官移植伦理委员会提出获取活体器官审查申请，人体器官移植伦理委员会同意获取的，医疗机构方可获取活体器官。第三十条规定，医疗机构及其医务人员从事人体器官获取、移植，应当遵守伦理原则和相关技术临床应用管理规范。

医疗机构未经人体器官移植伦理委员会审查同意获取人体器官的，对其实行双罚制，既要对医疗机构进行处罚，又要对该医疗机构负有责任的领导人员和直接责任人员进行处罚。

（一）对医疗机构的处罚

医疗机构出现未经人体器官移植伦理委员会审查同意获取人体器官情形的，根据其违法的具体情形、改正情况、后果严重程度等，作出如下不同的处罚措施：

1. 由县级以上地方人民政府卫生健康部门处 20 万元以上 50 万元以下的罚款。

2. 由原登记部门吊销该医疗机构人体器官移植诊疗科目登记，禁止其 3 年内从事人体器官获取或者申请从事人体器官移植。

3. 情节严重的，由原执业登记部门吊销该医疗机构执业的许可证或者由原备案部门责令其停止执业活动。

（二）对医疗机构负有责任的领导人员和直接责任人员的处分

1. 对负有责任的领导人员和直接责任人员依法给予处分。

2. 情节严重的，还应当由原执业注册部门吊销有关医务人员的执业证书。

二、人体器官移植伦理委员会未能正确履行审查责任的处理

人体器官移植伦理委员会审查获取人体器官申请时违反伦理原则或者出具虚假审查意见的，对有关责任人员依法给予处分，由县级以上地方人民政府卫生健康部门终身禁止其从事医学伦理审查活动。

第四十三条　医疗机构违反本条例规定，有下列情形之一的，由县级以上地方人民政府卫生健康部门处 5 万元以上 20 万元以下的罚款，对负有责任的领导人员和直接责任人员依法给予处分；情节严重的，还应当由原登记部门吊销该医疗机构的人体器官移植诊疗科目，禁止其 1 年内从事人体器官获取或者申请从事人体器官移植，对有关医务人员责令暂停 6 个月以上 1 年以下执业活动：

（一）负责遗体器官获取的部门未独立于负责人体器官移植的科室；

（二）未经人体器官捐献协调员见证实施遗体器官获取；

（三）获取器官后，未依照本条例第十九条第三款的规定对遗体进行符合伦理原则的医学处理，恢复遗体外观；

（四）未依照本条例第三十四条的规定报告人体器官获取、移植实施情况。

【释义】本条是关于医疗机构不履行《条例》中遗体器官获取、移植相关规定所应承担的法律责任。此次修订在《人体器官移植条例》第二十九条的基础上，细化了违规开展遗体器官获取应当承担的相应法律责任。

一、医疗机构违反《条例》规定的四种情形

（一）负责遗体器官获取的部门未独立于负责人体器官移植的科室。

《条例》第十五条第二款规定，从事遗体器官获取的医疗机构同时从事人体器官移植的，负责遗体器官获取的部门应当独立于负责人体器官移植的科室。

（二）未经人体器官捐献协调员见证实施遗体器官获取。

《条例》第十九条第二款规定，获取遗体器官，应当经人体器官捐献协调员见证。获取遗体器官前，从事遗体器官获取的医疗机构应当通知所在地省、自治区、直辖市红十字会。接到通知的红十字会应当及时指派2名以上人体器官捐献协调员对遗体器官获取进行见证。

（三）对获取器官完毕的遗体未进行符合伦理原则的医学处理、恢复遗体外观

《条例》第十九条第三款规定，从事遗体器官获取的医疗机构及其医务人员应当维护遗体器官捐献人的尊严；获取器官后，应当对遗体进行符合伦理原则的医学处理，除用于移植的器官以外，应当恢复遗体外观。

（四）未依照《条例》第三十四条的规定报告人体器官获取、移植实施情况

《条例》第三十四条规定，国家建立人体器官获取、移植病例登记报告制度。从事人体器官获取、移植的医疗机构应当将实施人体器官获取、移植的情况向所在地省、自治区、直辖市人民政府卫生健康部门报告。

根据《人体器官捐献与移植数据管理办法》，国家建立器官移植相关信息系统，从事人体器官获取、移植的医疗机构应当通过信息系统，在移植手术完成后 72 小时内按要求报告移植手术情况，并在患者出院后定期报告患者随访情况。未按规定报告相关情况的，按照本条进行处理。

二、对出现上述违反《条例》规定情形的处理

医疗机构出现上述四种违反《条例》规定情形的，对其实行双罚制，既要对医疗机构进行处罚，又要对该医疗机构负有责任的领导人员和直接责任人员依法给予处分。

（一）对医疗机构的处罚

1. 由县级以上地方人民政府卫生健康部门处 5 万元以上 20 万元以下的罚款。

2. 情节严重的，由原登记部门吊销该医疗机构的人体器官移植诊疗科目，禁止其 1 年内从事人体器官获取或者申请从事人体器官移植。

（二）对负有责任的领导人员和直接责任人员的处分

1. 对负有责任的领导人员和直接责任人员依法给予处分。

2. 情节严重的，对有关医务人员责令暂停 6 个月以上 1 年以下执业活动。

第四十四条　医疗机构及其医务人员违反本条例规定，有下列情形之一的，依照有关医疗纠纷预防和处理、医疗事故处理的行政法规的规定予以处罚；构成犯罪的，依法追究刑事责任：

（一）未对人体器官捐献人或者获取的人体器官进行医学检查；

（二）未对接受人接受人体器官移植的风险进行评估并采取相应措施；

（三）未遵守相关技术临床应用管理规范。

【释义】本条是关于医疗机构不履行器官移植相关技术规范所应承担的法律责任。此次修订在《人体器官移植条例》第二十九条基础上，细化了对违反器官移植相应技术规范应承担的相应法律责任。

《条例》第三十条规定，医疗机构及其医务人员从事人体器官获取、移植，应当遵守伦理原则和相关技术临床应用管理规范。第三十一条规定，医疗机构及其医务人员获取、移植人体器官，应当对人体器官捐献人和获取的人体器官进行医学检查，对接受人接受人体器官移植的风险进行评估，并采取措施降低风险。

《医疗纠纷预防和处理条例》第四十七条规定："医疗机构及其医务人员有下列情形之一的，由县级以上人民政府卫生主管部门责令改正，给予警告，并处1万元以上5万元以下罚款；情节严重的，对直接负责的主管人员和其他直接责任人员给予或者责令给予降低岗位等级或者撤职的处分，对有关医务人员可以责令暂停1个月以上6个月以下执业活动；构成犯罪的，依法追究刑事责任：（一）未按规定制定和实施医疗质量安全管理制度；（二）未按规定告知患者病情、医疗措施、医疗风险、替代医疗方案等；（三）开展具有较高医疗风险的诊疗活动，未提前预备应对方案防范突发风险；（四）未按规定填写、保管病历资料，或者未按规定补记抢救病历；（五）拒绝为患者提供查阅、复制病历资料服务；（六）未建立投诉接待制度、设置统一投诉管理部门或者配备专（兼）职人员；（七）未按规定封存、保管、启封病历资料和现场实物；（八）未按规定向卫生主管部门报告重大医疗纠纷；（九）其他未履行本条例规定义务的情形。"

《医疗事故处理条例》第五十五条规定："医疗机构发生医疗事故的，由卫生行政部门根据医疗事故等级和情节，给予警告；情节严重的，责令限期停业整顿直至由原发证部门吊销执业许可证，对负有责任的医务人员依照刑法关于医疗事故罪的规定，依法追究刑事责任；尚不够刑事处罚的，依法给予行政处分或者纪律处分。对发生医疗事故的有关医务人员，除依照前款处罚外，卫生行政部门并可以责令暂停 6 个月以上 1 年以下执业活动；情节严重的，吊销其执业证书。"

对医疗机构及其医务人员未对人体器官捐献人或者获取的人体器官进行医学检查，未对接受人接受人体器官移植的风险进行评估并采取相应措施，未遵守相关技术临床应用管理规范的，按照上述规定予以处罚；构成犯罪的，依法追究刑事责任。

第四十五条　人体器官捐献协调员、医疗机构及其工作人员违反本条例规定，泄露人体器官捐献人、接受人或者申请人体器官移植手术患者个人信息的，依照法律、行政法规关于个人信息保护的规定予以处罚；构成犯罪的，依法追究刑事责任。

【释义】本条是关于人体器官捐献协调员、医疗机构及其工作人员泄露人体器官捐献人、接受人或者申请人体器官移植手术患者个人信息依法应当承担法律责任的规定。此次修订在《人体器官移植条例》第二十七条第三款的基础上，细化了对个人信息保护的相关规定。

《中华人民共和国个人信息保护法》第二条规定，自然人的个人信息受法律保护，任何组织、个人不得侵害自然人的个人信息权益；第六十六条中规定，违反本法规定处理个人信息，或者处理个人信息未履行本法规定的个人信息保护义务的，由履行个人信息保护职责的部门责令改正，给予警告，没收违法所得。《中华人民共和国医师法》第二十三条中规定，医师在执业活动中应当履行尊重、关心、爱护患者，依法保护患者隐私和个人信息的义务；第五十六条中规定，医师在执业活动中有泄露患者隐私或者个人信息行为的，由县级以上人民政府卫生健康主管部门责令改正，给予警告，没收违法所得，并处1万元以上3万元以下的罚款；情节严重的，责令暂停6个月以上1年以下执业活动直至吊销医师执业证书。《护士条例》第十八条规定，护士应当尊重、关心、爱护患者，保护患者的隐私；第三十一条中规定，护士在执业活动中有泄露患者隐私情形的，由县级以上地方人民政府卫生主管部门依据职责分工责令改正，给予警告；情节严重的，暂停其6个月以上1年以下执业活动，直至由原发证部门吊销其护士执业证书。任何人体器官捐献协调员、医疗机构及其工作人员泄露人体器官捐献人、接受人或者申请人体器官移植手术患者个人信息的，都应当依照相关法律、行政法规予以处罚；构成犯罪的，移交公安机关依法追究其刑事责任。

第四十六条　违反本条例第三十二条第一款规定收取费用的，依照有关价格、医疗保障基金管理的法律、行政法规的规定予以处罚。

【释义】本条是关于违反《条例》第三十二条第一款收取费用的医疗机构应予以处罚的规定。此次修订在《人体器官移植条例》第二十七条第五款的基础上，明确了对违规收取费用的处罚情形和依据。

《中华人民共和国价格法》第三十九条规定，经营者不执行政府指导价、政府定价以及法定的价格干预措施、紧急措施的，责令改正，没收违法所得，可以并处违法所得五倍以下的罚款；没有违法所得的，可以处以罚款；情节严重的，责令停业整顿。《价格违法行为行政处罚规定》第九条规定："经营者不执行政府指导价、政府定价，有下列行为之一的，责令改正，没收违法所得，并处违法所得5倍以下的罚款；没有违法所得的，处5万元以上50万元以下的罚款，情节较重的处50万元以上200万元以下的罚款；情节严重的，责令停业整顿：（一）超出政府指导价浮动幅度制定价格的；（二）高于或者低于政府定价制定价格的；（三）擅自制定属于政府指导价、政府定价范围内的商品或者服务价格的；（四）提前或者推迟执行政府指导价、政府定价的；（五）自立收费项目或者自定标准收费的；（六）采取分解收费项目、重复收费、扩大收费范围等方式变相提高收费标准的；（七）对政府明令取消的收费项目继续收费的；（八）违反规定以保证金、抵押金等形式变相收费的；（九）强制或者变相强制服务并收费的；（十）不按照规定提供服务而收取费用的；（十一）不执行政府指导价、政府定价的其他行为。"

《医疗保障基金使用监督管理条例》第三十八条第三项规定，"重复收费、超标准收费、分解项目收费"的医疗机构，由医疗保障行政部门责令改正，并可以约谈有关负责人；造成医疗保障基金损失的，责令退回，处造成损失金额 1 倍以上 2 倍以下的罚款；拒不改正或者造成严重后果的，责令医疗机构暂停相关责任部门 6 个月以上 1 年以下涉及医疗保障基金使用的医药服务；违反其他法律、行政法规的，由有关主管部门依法处理。《人体捐献器官获取收费和财务管理办法（试行）》第二十四条明确规定："OPO、OPO 所在医疗机构、捐献医院以及移植医院涉嫌违反《价格法》、《人体器官移植条例》及有关价格管理规定的，依法依规予以处理。"

对收取"获取活体器官、切除病损器官、植入人体器官所发生的手术费、检查费、检验费等医疗服务费以及药费、医用耗材费"规定费用以外其他额外费用或超标准收费的医疗机构，依照《医疗保障基金使用监督管理条例》有关规定予以处罚。

第四十七条 人体器官捐献协调员违反本条例规定，有下列情形之一的，依法给予处分，由省、自治区、直辖市红十字会注销其人体器官捐献协调员工作证件，终身不得担任人体器官捐献协调员：

（一）接到指派后未对遗体器官获取进行见证；

（二）出具虚假见证意见。

【释义】本条是关于人体器官捐献协调员违反《条例》相关规定应予以的处罚。此次修订在《人体器官移植条例》的基础上，明确了注销协调员工作证件的情形。

人体器官捐献协调员在接到指派后，应现场、全程开展捐献见证工作，未按《人体器官捐献协调员管理办法》《人体器官捐献协调员捐献见证工作规范》等相关工作制度对遗体器官获取进行见证或出具虚假见证意见的，依法给予处分，由省、自治区、直辖市红十字会注销其人体器官捐献协调员工作证件，并向中国人体器官捐献管理中心报告，终身不得担任人体器官捐献协调员。

第四十八条　公职人员在人体器官捐献和移植工作中滥用职权、玩忽职守、徇私舞弊的，依法给予处分；构成犯罪的，依法追究刑事责任。

【释义】本条是关于公职人员在人体器官捐献和移植工作中滥用职权、玩忽职守、徇私舞弊行为应当承担法律责任的规定。此次修订在《人体器官移植条例》第三十一条的基础上，明确了对在人体器官捐献和移植工作中公职人员违规行为的处罚。

按照《中华人民共和国公职人员政务处分法》第二条和《中华人民共和国监察法》第十五条规定，公职人员，包括：中国共产党机关、人民代表大会及其常务委员会机关、人民政府、监察委员会、人民法院、人民检察院、中国人民政治协商会议各级委员会机关、民主党派机关和工商业联合会机关的公务员，以及参照《中华人民共和国公务员法》管理的人员；法律、法规授权或者受国家机关依法委托管理公共事务的组织中从事公务的人员；国有企业管理人员；公办的教育、科研、文化、医疗卫生、体育等单位中从事管理的人员；基层群众性自治组织中从事管理的人员；其他依法履行公职的人员。

本条所称的"滥用职权"，是指公职人员违反法律规定的权限和程序，滥用职权或者超越职权，致使公共财产、国家和人民利益遭受损失的行为。本条所称的"玩忽职守"，是指公职人员不履行、不正确履行或者放弃履行其职责，致使公共财产、国家和人民利益遭受损失的行为。本条所称的"徇私舞弊"，是指公职人员为徇私情、私利，故意违背事实和法律，伪造材料，隐瞒情况，弄虚作假的行为。其中，"徇私"是主观目的，"舞弊"是客观行为。

本条依情节轻重规定了两种不同的责任承担方式。滥用职权、玩忽职守、徇私舞弊行为未造成重大损失的，依法给予处分。滥用职权、玩忽职守、徇私舞弊行为致使公共财产、国家和人民利益遭受重大损失，构成犯罪的，应依法追究刑事责任。滥用职权罪和玩忽职守罪均属于渎职犯罪，依照《中华人民共和国刑法》第三百九十七条予以刑罚。

对于滥用职权行为，涉嫌下列情形之一的，符合《中华人民共和国刑法》第三百九十七条所规定的玩忽职守罪、滥用职权罪的立案条件，即满足"重大损失"这一入罪要件：

1. 造成死亡 1 人以上，或者重伤 2 人以上，或者轻伤 5 人以上的；

2. 造成直接经济损失 20 万元以上的；

3. 造成有关公司、企业等单位停产、严重亏损、破产的；

4. 严重损害国家声誉，或者造成恶劣社会影响的；

5. 其他致使公共财产、国家和人民利益遭受重大损失的情形；

6. 徇私舞弊，具有上述情形之一的。

对于玩忽职守行为，涉嫌下列情形之一的，符合《中华人民共和国刑法》第三百九十七条所规定的玩忽职守罪的立案条件，即满足"重大损失"这一入罪要件：

1. 造成死亡 1 人以上，或者重伤 3 人以上，或者轻伤 10 人以上的；

2. 造成直接经济损失 30 万元以上的，或者直接经济损失不满 30 万元，但间接经济损失超过 100 万元的；

3. 徇私舞弊，造成直接经济损失 20 万元以上的；

4. 造成有关公司，企业等单位停产、严重亏损、破产的；

5. 严重损害国家声誉，或者造成恶劣社会影响的；

6. 海关、外汇管理部门的工作人员严重不负责任，造成巨额外汇被骗或者逃汇的；

7. 其他致使公共财产、国家和人民利益遭受重大损失的情形；

8. 徇私舞弊，具有上述情形之一的。

涉嫌国家工作人员的渎职犯罪属于人民检察院直接受理的案件，由人民检察院立案侦查。

第四十九条　违反本条例规定，给他人造成损害的，依法承担民事责任。

【释义】本条是关于单位或个人违反《条例》给他人造成损害依法应当承担民事责任的规定，是一个转致性规定。依照本条规定，凡是违反《条例》规定，给他人造成损害的，都要依法承担民事法律责任。这里作了原则性规定，具体依照哪些法律，要转到《条例》或者其他法律当中寻找依据。

所谓法律责任，是指公民、法人或者其他组织实施违法行为所必须承担的，由一定国家机关依法追究，必要时以国家强制力保证实施的责任形式。法律责任从性质上说可分为三种：行政责任（包括行政处分和行政处罚）、民事责任和刑事责任。本条规定了违反《条例》所应承担的民事责任。

民事责任是民事法律关系的当事人不依法履行民事法律义务，应当承担的法律后果。民事责任根据具体责任性质不同可以分为两类：一类是违约的民事责任；另一类是侵权的民事责任。违约的民事责任，是指合同关系的当事人不依法履行合同约定的义务而应当承担的责任。侵权的民事责任，是指民事法律关系的当事人由于自身的过错，给他人的人身权利或者财产权利造成损害应当承担的责任。

民事责任具有以下特点：一是以财产责任为主；二是以填补损害为原则；三是向相对特定的权利人或者受害人承担责任。本条规定"依法承担民事责任"，既包括违约责任，也包括侵权责任；既包括行为责任（如赔礼道歉），也包括损害赔偿责任。实践中，应根据案件的具体情况来确定应承担何种民事责任。

从违反《条例》所应承担民事责任的类型看，实践中多包括以下几种类型：

一是人格权侵权责任。人格权侵权责任是指因存在侵害人格权益的违法行为而承担的责任类型。在人体器官捐献和移植过程中，侵害他人身体权、健康权、隐私权、个人信息权益或捐献者近亲属一般人格尊严的，应根据本《条例》规定承担人格权侵权责任。在器官捐献和移植过程中，器官获取组织及其器官捐献协调员、实施器官获取及移植手术的医疗机构及其医务人员都有可能接触到大量的患者个人信息，《条例》第三十三条特别强调了人体器官捐献协调员、医疗机构及其工作人员应当对人体器官捐献人、接受人和申请人体器官移植手术患者的个人信息依法予以保护。因过错未履行信息保护义务造成人体器官捐献人、接受人或患者损害的，应承担人格权侵权责任。

二是医疗损害责任。医疗损害责任主要是指医疗侵权责任，即医疗机构或医务人员在诊疗活动中因过错，或者在法律规定的情况下无论有无过错，造成患者人身损害或者其他损害，应当承担的以损害赔偿为主要方式的侵权责任。医疗损害责任在人体器官捐献和移植领域多具体体现为医疗技术损害责任、医疗伦理损害责任、医疗产品损害责任和医疗管理损害责任。

1. 医疗技术损害责任是进行器官获取和移植的医疗机构及其医务人员在医疗活动中，违反医疗技术上的高度注意义务，具有违背当时的医疗水平的技术过失，造成患者人身损害的医疗损害责任。《条例》第二十七条、第三十一条等均规定了医疗机构及其医务人员在器官捐献和移植过程中的资质要件、诊疗程序、检查要求等，违反这些规定的就会引起医疗技术损害责任。

2. 医疗伦理损害责任，是指进行器官获取和移植医疗机构及其医务人员违背医疗良知和医疗伦理的要求，违背医疗机构及其医务人员的告知或者保密义务，具有医疗伦理过失，造成患者人身损害以及其他合法权益损害的医疗损害责任。《条例》规定了大量的医疗伦理损害责任，如欺骗或者利诱他人捐献人体器官的责任；未对遗体进行符合伦理原则的医学处理，未恢复遗体外观的责任等。

3. 医疗产品损害责任。医疗产品损害责任，是指医疗机构在进行器官移植过程中使用有缺陷的药品、消毒药剂、医疗器械以及血液及制品等医疗产品，因此造成患者人身损害，根据《中华人民共和国民法典》第一千二百二十三条的规定，医疗机构或者医疗产品生产者、销售者应当承担的医疗损害赔偿责任。

4. 医疗管理损害责任。医疗管理损害责任是指进行器官获取和移植的医疗机构及其医务人员违背医疗管理规范和医疗管理职责的要求，具有医疗管理过错，造成患者人身损害、财产损害的，应承担的侵权赔偿责任。《条例》第十六条、第十八条、第二十一条、第二十三条、第二十八条等都为医疗管理损害责任提供了行为规范。

三是违反医疗服务合同产生的违约责任。医疗服务合同是指从事器官获取和移植的医疗机构或执业医师与病人之间订立的医疗服务合同。在订立医疗服务合同过程中，医方的义务包括获取知情同意义务、说明义务、诊疗义务、制作和保存病历义务、医疗证明文件的制作和交付义务、安全保障义务等；患方的义务包括协力义务、遵守医嘱的义务、费用支付的义务等。触犯以上医疗服务合同有关义务的可能承担违约责任，若医方未履行以上义务给患者人身造成损害的，则发生违约责任与侵权责任的竞合。

从民事责任的承担方式看，根据《中华人民共和国民法典》第一百七十九条规定："承担民事责任的方式主要有：（一）停止侵害；（二）排除妨碍；（三）消除危险；（四）返还财产；（五）恢复原状；（六）修理、重作、更换；（七）继续履行；（八）赔偿损失；（九）支付违约金；（十）消除影响、恢复名誉；（十一）赔礼道歉。法律规定惩罚性赔偿的，依照其规定。本条规定的承担民事责任的方式，可以单独适用，也可以合并适用。"具体到本条规定的责任方式上，构成医疗服务合同违约责任的，可能承担继续履行、赔偿损失等民事责任；构成医疗损害责任及人格权侵权责任的，可能承担停止侵害、排除妨碍、赔礼道歉、赔偿损失等民事责任。

值得注意的是，由于人体器官捐献、获取和移植中涉及大量的人格利益和伦理规范，因此往往还涉及精神损害赔偿责任的适用，如医疗机构及其医务人员未履行恢复遗体外观的义务，致使遗体权利人精神遭受损害的，遗体权利人有权请求承担赔礼道歉和精神损害赔偿等民事责任。

第五章　附　　则

第五十条　本条例自 2024 年 5 月 1 日起施行。《人体器官移植条例》同时废止。

【释义】本条是关于《条例》施行日期的规定。

行政法规的实施时间即生效时间，法的时间效力是法的效力的重要组成部分。行政法规的生效和公布是两个不同的概念：行政法规的公布是指制定机关将通过的行政法规向社会予以公告；行政法规的生效是指行政法规开始施行，开始对社会行为具有约束力。这就不仅意味着从某日开始，某种行为要接受法的调整，而且新法的实施往往是旧法或者内容与新法相抵触的同级或低级法的内容的废止之日。

2023 年 10 月 20 日，国务院第 17 次常务会议通过《条例》并予以公布，自 2024 年 5 月 1 日起施行。《条例》公布日期至施行日期，间隔了半年多时间。如此安排主要是考虑到《条例》对 2007 年《人体器官移植条例》作了大幅度修改，需要留出充足的时间让有关方面做好《条例》实施的准备工作。同时，《人体器官移植条例》颁布后，大多数地方都颁布了本级的法规。此次《条例》修订出台后，地方法规中存在与《条例》不相符合的规定都应作出相应的修改。发布与实施之间的时间间隔就给各地留出了修改时间。

此外，自《条例》施行之日起，2007 年 3 月 21 日国务院第 171 次常务会议通过、2007 年 3 月 31 日国务院令第 491 号公布的《人体器官移植条例》同时废止。

附录一

关于促进人体器官捐献工作健康发展的意见

国卫医急发〔2024〕18号

各省、自治区、直辖市及新疆生产建设兵团卫生健康委、发展改革委、公安厅（局）、民政厅（局）、财政厅（局）、人力资源社会保障厅（局）、交通运输厅（局、委）、市场监管局（厅、委）、广播电视局（文化体育广电和旅游局）、医保局、总工会、团委、妇联、红十字会：

为完善人体器官捐献工作体系，规范人体器官捐献管理，弘扬社会主义核心价值观，保障我国人体器官捐献事业健康发展，依据《中华人民共和国民法典》《中华人民共和国红十字会法》《人体器官捐献和移植条例》《国务院关于促进红十字事业发展的意见》《中共中央办公厅、国务院办公厅关于党员干部带头推动殡葬改革的意见》等相关法律法规及有关政策，现就促进人体器官捐献工作健康发展，提出以下意见。

一、总体要求

各地各部门要以习近平新时代中国特色社会主义思想为指导，深入贯彻落实习近平总书记关于卫生健康工作和红十字事业的重要指示精神，坚持"人民至上、生命至上"，维护人民群众生命安全和身体健康，大力弘扬社会主义核心价值观、中华民族优秀传统美德和"人道、博爱、奉献"的红十字精神，推动我国人体器官捐献工作高质量健康可持续发展，助力健康中国建设，造福人民群众。

坚持多部门合作、全社会参与的人体器官捐献工作机制。加强部门联动，统筹推进工作，积极动员社会力量，组织各界广泛参与，发挥社会组织和公众人物的影响力，形成全社会协同推进的合力。把握人体器官捐献宣传工作的规律，积极探索行之有效的宣传工作方法，积极推进人体器官捐献宣传内容、方式、机制等创新，传统媒体与新媒体协同发力，线上和线下贯通融合。坚持因地制宜，同步推进。结合人体器官捐献工作实际，将人体器官捐献工作与无偿献血、造血干细胞捐献、遗体捐献等工作同推动、同部署。坚持人体器官捐献事业公益属性，优化器官捐献、获取、分配工作原则和流程，完善人道关怀机制，主动接受社会监督，确保器官捐献全过程阳光透明，公平公正，切实维护捐受双方的合法权益。

各地根据工作实际进一步出台细化鼓励人体器官捐献的措施和保障政策，确保政策落地。进一步完善人体器官捐献相关工作制度、标准和流程，确保人体器官捐献各项工作符合国家规范和要求。力争人体器官捐献知识普及率显著提升。人体器官捐献理念得到社会更多认同，近5年力争实现每年度人体器官捐献志愿登记人数增长超过10%。力争人体器官捐献数量持续提高。根据各地人体器官移植医疗需求，制定本地区人体器官捐献数量目标，实现人体器官捐献持续增长，力争5年内全国每百万人口捐献率达到8。

二、主要措施

（一）健全人体器官捐献工作机制。

1. 建立健全人体器官捐献工作规范和流程。各级卫生健康行政部门、红十字会要进一步完善人体器官捐献相关工作制度、标准和流程，切实履行意愿登记、捐献见证、器官分配、人道关怀、缅怀纪念等方面工作职责。人体器官捐献协调员要肩负起器官获取时的见证责任，确保人体器官捐献工作符合相关规范和要求。各人体器官获取组织要严格按要求科学规范获取器官，并通过中国人体器官分配与共享计算机系统公平公正地进行分配。

2. 完善鼓励支持和保障政策。将人体器官捐献工作作为健康中国建设的重要组成部分，建立和完善组织工作体系。红十字会会同有关部门对符合条件的器官捐献者家庭进行重点帮扶和救助，为人体器官捐献工作的开展提供有力保障。各地要严格落实人体器官捐献激励政策，人体器官捐献者的配偶、直系血亲及三代以内的旁系血亲需要进行人体器官移植手术排位等待捐献器官时，在同等条件下优先排序。

3. 形成人体器官捐献工作合力。各相关部门要加强沟通合作，建立会商机制，共同研究制定相关政策，相互通报工作信息，联合开展人体器官捐献宣传动员、志愿服务、表扬奖励等活动，推动人体器官捐献系统性多学科协作机制的建设，形成人体器官捐献工作合力。

卫生健康行政部门负责人体器官捐献监督管理工作，协调相关部门共同推动人体器官捐献工作。

红十字会依法参与、推动人体器官捐献工作，开展人体器官捐献的宣传动员、意愿登记、捐献见证、缅怀纪念、人道关怀等工作，加强人体器官捐献组织网络、协调员队伍的建设和管理。

公安机关及交通管理部门负责保障运送人体捐献器官的救护车优先通行。公安机关户籍管理部门协助做好出具人体器官捐献亲属证明等相关材料。

民政部门负责指导因地制宜设置人体器官捐献人缅怀纪念设施，将符合条件的人体器官捐献者家庭纳入社会救助范围，对符合惠民殡葬政策条件的人体器官捐献者减免火化费用。指导慈善组织根据自身宗旨和业务范围，积极开展人体器官捐献相关慈善项目。

财政部门依法对人体器官捐献工作给予支持。

市场监管部门协助推动人体器官捐献公益广告宣传工作。

广电部门负责指导广播电视节目、网络视听节目加大人体器官捐献宣传力度，积极推动人体器官捐献公益广告播放。

人力资源社会保障、医疗保障部门负责指导建立电子社保卡、医保码（医保电子凭证）等与人体器官捐献志愿登记信息联动机制。

4. 充分发挥示范带头作用。各有关单位应当按照《人体器官捐献和移植条例》及《中共中央办公厅、国务院办公厅关于党员干部带头推动殡葬改革的意见》要求，鼓励党员干部逝世后捐献器官。加大人体器官捐献宣传力度，提升本单位干部职工人体器官捐献的参与度，积极参加人体器官捐献志愿登记，为全社会作出表率。各级卫生健康、教育等行政部门和工会、共青团组织、妇联、红十字会等有关群团组织应当加强医疗卫生机构、高等学校、企业及其他事业单位的人体器官捐献宣传普及，鼓励职工和师生参加人体器官捐献志愿登记。

5. 提供优质服务和保障。二级以上医疗机构要指定相应部门和专门人员为有遗体器官捐献意愿的个人和家属提供优质服务和保障。通畅信息报告渠道，二级以上医疗机构要及时将相关信息报告所在区域人体器官获取组织，协助当地人体器官捐献管理机构和人体器官获取组织开展人体器官捐献相关工作，并提供必要的场地、设施、设备及人员等。各级卫生健康行政部门应当将人体器官捐献信息报告工作纳入辖区二级以上医疗机构考核内容，指导医疗机构做好人体器官捐献宣传、信息报告人员培训等工作。

（二）加大人体器官捐献科普和宣传力度。

1. 始终坚持人体器官捐献原则。坚持"自愿无偿"的人体器官捐献原则和理念，弘扬"人道、博爱、奉献"的红十字精神，践行社会主义核心价值观，不断增强人体器官捐献宣传工作的实效性。积极开展人体器官捐献宣传工作，稳步提升人体器官捐献事业的社会认知度，赢得全社会对人体器官捐献更广泛的认同和支持。

2. 广泛宣传人体器官捐献知识。各级卫生健康行政部门、红十字会要编写人体器官捐献科普材料，培训科普宣讲师资，有条件的地方建设人体器官捐献科普馆（室）。围绕人体器官捐献工作开展政策解读、答疑释惑、科普宣传、经验推广、捐献者感人故事等形式多样的宣传报道、媒体服务和信息发布工作，切实提升人体器官捐献科学知识的普及率和知晓率。医疗机构应当在显著位置及各科室宣传栏摆放人体器官捐献宣传科普材料，医疗机构可利用电子显示屏等媒介播放人体器官捐献宣传视频。将人体器官捐献相关内容纳入高等教育通识课程内容，普及人体器官捐献有关知识。同时，将人体器官捐献有关内容列入医学院校教材和课程，推动人体器官捐献学科建设。

3. 积极营造捐献光荣的社会氛围。在器官捐献相关纪念日举办主题宣传活动，通过新闻媒体宣传报道人体器官捐献的典型人物、感人事迹，依法依规表扬奖励推动人体器官捐献工作的先进个人和先进单位，开展人体器官捐献知识"进医院、进高校、进社区、进机关"的公益宣传活动，营造推进人体器官捐献工作的良好社会氛围，促进形成有利于人体器官捐献的社会风尚。

4. 创新宣传手段和方法。拓宽与公众互动交流渠道，探索运用网络新媒体平台，融合传统媒介，开展交互式信息沟通，传播正能量。将人体器官捐献宣传广告纳入公益广告年度活动规划，加大在公益广告中的投放比例，在公交、地铁场站及交通工具内的公告栏、电子显示屏等载体展示人体器官捐献宣传标语。探索人体器官捐献志愿登记信息与电子健康码、电子社保卡、医保码（医保电子凭证）信息对接试点，在电子健康码、电子社保卡、医保码（医保电子凭证）上显示器官捐献志愿标志。

（三）加强和规范人员队伍管理。

1. 严格协调员注册管理。各级人体器官捐献管理机构对拟注册人体器官捐献协调员（以下简称协调员）的人员要进行严格把关，依规审查拟注册人的人事关系、专业资格等相关材料，不符合要求的人员不得参加协调员入职培训和综合测评。符合规定的人员应当按照《人体器官捐献协调员管理办法》有关要求取得培训合格证书。

2. 加强协调员业务培训。各级人体器官捐献管理机构要认真组织协调员参加培训，结合当地工作实际开展有针对性的法规和业务培训，原则上每年参加业务培训不少于 10 个学时，不断提高协调员的法治素养、职业精神、专业素质和工作能力。

3. 加强协调员日常监督和动态管理。各级人体器官捐献管理机构要根据当地工作实际，确定本级协调员数量，确保人体器官捐献工作正常开展。按照《人体器官捐献协调员管理办法》有关要求，对协调员实施日常监督和考核。对工作岗位变更等不再从事协调员工作的，按程序及时注销其协调员工作证件。做好协调员岗位设置、薪酬待遇和职称晋升等方面保障，确保协调员队伍健康稳定发展。

4. 加强器官捐献志愿服务队伍建设。省级红十字会负责本行政区域内人体器官捐献志愿服务队伍的建设和管理。县级以上红十字会至少成立一支人体器官捐献志愿服务队伍，更加广泛深入地开展宣传动员、人道关怀、缅怀纪念等志愿服务活动，提高全社会对器官捐献重要意义的认识，努力营造全社会支持遗体器官捐献的良好氛围。鼓励有关行政、事业、企业和社会组织按照有关规定建立志愿服务队伍。

（四）提升器官捐献信息化建设水平。各级人体器官捐献管理机构要通过中国人体器官捐献信息平台实现器官捐献宣传动员、意愿登记、捐献见证、缅怀纪念、人道关怀等全流程信息化管理。按照统一部署要求，应用和推广信息化管理系统，积极组织开展信息化工作培训，不断提高信息化水平。完善中国人体器官捐献信息平台和人体器官分配与共享计算机系统数据共享机制。

三、工作要求

各地、各部门要充分认识推动人体器官捐献工作的重要意义，增强做好人体器官捐献工作的责任感和使命感，为维护人民群众的生命健康作出应有贡献。要探索建立推动人体器官捐献工作的协调机制，加强组织领导，强化统筹部署，明确发展目标和工作任务，压实相关部门责任，要加强对本行政区域内人体器官捐献工作的监督和指导，切实加大工作推进力度。各地可选择本地区若干工作基础较好的地方开展试点，及时总结经验做法，探索形成较为成熟的政策思路和实施方案后全面推开。要积极搭建人体器官捐献工作交流平台，开展人体器官捐献和志愿服务工作交流，共享成功经验和实践做法。

国家卫生健康委　　国家发展改革委

公安部　　民政部

财政部　　人力资源社会保障部

交通运输部　　市场监管总局

广电总局　　国家医保局

全国总工会　　共青团中央

全国妇联　　中国红十字会总会

2024 年 4 月 28 日

国家卫生健康委关于印发人体器官移植技术临床应用管理规定的通知

国卫医急发〔2024〕16 号

各省、自治区、直辖市及新疆生产建设兵团卫生健康委：

为规范人体器官移植技术临床应用，保障医疗质量和安全，保护患者健康，依据《中华人民共和国医师法》《人体器官捐献和移植条例》等法律法规，国家卫生健康委制定了《人体器官移植技术临床应用管理规定》。现印发给你们，请结合实际，认真贯彻执行。

国家卫生健康委

2024 年 4 月 19 日

人体器官移植技术临床应用管理规定

第一章 总 则

第一条 为规范人体器官移植技术临床应用，保障医疗质量和安全，保护患者健康，根据《中华人民共和国医师法》《人体器官捐献和移植条例》等法律法规，制定本规定。

第二条 本规定所称人体器官移植技术，是指将捐献的人体器官植入接受人身体以代替其病损器官的技术。

本规定所称人体器官移植医师，是指具备与实施人体器官移植手术相适应的专业技术职务任职资格和临床工作经验，培训考核合格，并经省级卫生健康行政部门认定的执业医师。

第三条 医疗机构开展人体器官移植应当遵守本规定。

第四条 国家卫生健康委成立中国人体器官捐献与移植委员会，负责对全国人体器官捐献和移植工作进行顶层设计，拟定有关政策措施，评估审核医疗机构人体器官移植临床技术能力及管理水平。

第五条 省级卫生健康行政部门应当根据人体器官移植医疗机构设置规划，对本行政区域开展人体器官移植的医疗机构进行合理布局，开展技术评估，严格控制数量。

第二章 临床应用管理

第六条 医疗机构开展人体器官移植，必须严格遵守《中华人民共和国医师法》《人体器官捐献和移植条例》《医疗机构管理条例》等法律法规和诊疗护理规范、常规，严格遵守医学和伦理学原则，严格根据患者病情选择适宜治疗方案，严格掌握人体官移植的适应证。对不符合法律法规和医学伦理学原则的，不得开展人体器官移植。

第七条　医疗机构开展人体器官移植应当与其功能、任务和能力相适应，保证移植人体器官来源合法、供应稳定，有固定、充足、安全的血液和血液制品来源。

医疗机构应当制定保障人体器官移植技术临床应用的医疗质量和医疗安全的规章制度，建立技术档案，并定期进行安全性、应用效果和合理使用情况评估。

医疗机构应当严格按照《人体器官移植伦理委员会工作规则》成立人体器官移植伦理委员会，并规范开展工作。

第八条　实施人体器官移植前，医疗机构应当向患者及其家属告知手术目的、手术风险、术后注意事项、可能发生的并发症及预防措施等，并签署知情同意书。

第九条　医疗机构应当加强人体器官移植医疗质量管理，提高手术成功率、术后移植人体器官和患者的长期生存率，建立人体器官移植患者随访制度。

第十条　医疗机构获取遗体器官后，应当对遗体进行必要的、符合伦理的医学处理，除用于移植的器官以外，应当恢复遗体外观。

第十一条　移植活体器官的，由从事人体器官移植的医疗机构获取活体器官。医疗机构在获取活体器官前，应当充分告知捐献人获取器官手术风险、术后注意事项、可能发生的并发症及预防措施等，并签署知情同意书。

活体器官的接受人限于活体器官捐献人的配偶、直系血亲或者三代以内旁系血亲。医疗机构及其医务人员未经捐献人同意，不得获取活体器官。不得获取未满18周岁公民的活体器官用于移植。

活体器官移植不应当因捐献活体器官而损害捐献人相应的正常生理功能。

第十二条 从事活体器官移植的医疗机构应当要求申请活体器官移植的捐献人与接受人提交以下相关材料：

（一）由活体器官捐献人签署的捐献人捐献器官书面意愿和活体器官接受人同意接受捐献人捐献器官的书面意愿；

（二）活体器官捐献人、接受人双方合法身份证明文件和反映其亲属关系的户籍证明或司法部门认可的亲属关系证明；

（三）活体器官捐献人与接受人属于配偶关系的，应当提交结婚证原件；

从事活体器官移植的医疗机构应当配备身份证鉴别仪器并留存上述相关材料原件和相关证件的复印件备查。

第十三条 从事人体器官移植的医疗机构及其医务人员获取活体器官前，应当做好以下工作：

（一）查验活体器官捐献人同意捐献其器官的书面意愿、活体器官捐献人与接受人按照要求提交的相关材料的真实性，并确认其关系符合要求；

（二）向活体器官捐献人说明器官获取手术的风险、术后注意事项、可能发生的并发症及其预防措施等，并与活体器官捐献人签署知情同意书；

（三）评估活体器官捐献人的健康状况是否适合捐献器官；

（四）评估获取器官可能对活体器官捐献人健康产生的影响，确认除获取器官产生的直接后果外不会损害活体器官捐献人其他正常的生理功能；

（五）评估接受人是否有接受活体器官移植手术的必要性、适应证；

（六）评估接受人因活体器官移植传播疾病的风险；

（七）根据医学及伦理学原则需要进行的其他评估；

（八）向所在医疗机构的人体器官移植伦理委员会提出获取活体器官审查申请。

第十四条 获取活体器官前，应当严格按照《人体器官移植伦理委员会工作规则》开展伦理审查。经三分之二以上委员同意，人体器官移植伦理委员会出具同意获取活体器官的书面意见后，医疗机构方可获取活体器官。

第十五条 医疗机构及其医务人员获取、移植人体器官，应当对人体器官捐献人和获取的人体器官进行医学检查，对接受人接受人体器官移植的风险进行评估，并采取措施降低风险。

第十六条 医疗机构应当通过国家人体器官移植相关质量控制信息系统，在每例次人体器官移植手术后 72 小时内报送人体器官移植手术临床数据、出院后 72 小时内报送围手术期相关临床数据、随访后 72 小时内报送随访数据。

第三章 移植医师培训与认定

第十七条 国家卫生健康委负责统筹协调全国人体器官移植医师培训和认定工作，指导监督省级卫生健康行政部门相关工作。根据实际需求，委托有条件的行业组织、单位制定培训规划、组织编写人体器官移植医师培训大纲和教材、指导培训基地建设和管理。省级卫生健康行政部门负责辖区内人体器官移植医师的执业资格认定，建设培训基地，监督和指导辖区内培训基地的培训和考核工作。

第十八条 省级卫生健康行政部门应当依据《人体器官移植

医师培训基地基本要求》确定培训基地，向国家卫生健康委报备并向社会公开。培训基地严格遵守以下管理要求：

（一）培训基地负责对申请人体器官移植执业资格的医师进行培训。培训内容包括人体器官捐献和移植有关法律法规及规范要求、伦理道德教育、人体器官移植技术理论知识及临床实践技能等；

（二）培训基地实行动态管理，周期为4年。省级卫生健康行政部门应当在周期结束前6个月对培训基地工作情况进行整体评价，确定继续承担培训基地工作的单位；

（三）培训基地内承担人体器官移植技术培训工作的医师（以下简称培训导师）由各培训基地根据本规定明确的条件择优推荐，经省级卫生健康行政部门组织专家评估后确定；

（四）培训基地应当建立健全规章制度及流程，明确管理要求，加强对培训导师的管理。严格按照国家统一的培训大纲和教材制定培训方案与计划，建立参加培训医师（以下简称参培医师）培训档案，做好参培医师的理论知识及临床实践技能培训，确保培训质量和效果；

（五）培训基地应当于培训工作开始前2个月，向行业内公布培训计划、培训名额、报名方式等有关信息；

（六）培训基地应当对参培医师的申请材料进行审核，根据培训计划按照公开公平、择优录取、双向选择的原则决定是否接受参培医师；

（七）培训基地应当于招收工作结束之日起15个工作日内，向所在地省级卫生健康行政部门报送接受的参培医师信息；

（八）培训基地应当向所在地省级卫生健康行政部门报送参培医师考核情况。

第十九条 培训导师聘期为 4 年。培训导师应当认真履行职责，严格按照培训方案和计划开展培训，保证培训工作所需时间和培训效果。培训基地培训导师数量不应少于 5 人，每位培训导师每期指导参培医师不得超过 2 人。申请参加培训的医师，应当同时具备以下条件：

（一）持有《医师执业证书》，执业类别为临床，执业范围为外科或儿科（小儿外科方向），主执业机构为三级医院；

（二）近 3 年未发生二级以上负完全责任或主要责任的医疗事故，无违反医疗卫生相关法律、法规、规章、伦理原则和人体器官移植技术管理规范的行为；

（三）取得主治医师专业技术职务任职资格，且有 5 年以上人体器官移植临床工作经验或 8 年以上相关外科或小儿外科临床工作经验。

第二十条 人体器官移植医师培训周期为 1 年。在规定时间内未按要求完成培训的参培医师，培训时间可顺延，顺延时间不得超过 1 年。参培医师报名不受地域限制。参培医师完成培训后应当接受考核。考核应当由培训基地或省级卫生健康行政部门委托的第三方组织实施。具体由各省级卫生健康行政部门确定。

培训基地所在地省级卫生健康行政部门收到参培医师名单信息及考核情况后应当及时向参培医师执业地点省级卫生健康行政部门通报。

第二十一条 参培医师考核包括过程考核和结业考核。过程考核是结业考核的必备条件，是培训基地对参培医师培训过程的动态综合评价，内容包括法律法规、医德医风、出勤情况、日常临床实践能力、培训指标完成情况和参加业务学习情况等。结业考核包括理论考核和临床实践能力考核。理论考核采取闭卷考核。

临床实践能力考核应当由 3 位以上培训导师共同进行现场审核评分，其中至少 1 人为其他培训基地培训导师。参培医师的导师应当回避。

第二十二条 参培医师应当按照人体器官移植医师培训大纲和教材的要求，完成以下学习任务：

（一）完成人体器官移植相关基础课程，包括人体器官移植相关法律法规、伦理、解剖、免疫、生理、病理、药理、人体器官移植外科技术，以及人体器官移植合并症和术后并发症的诊断和处理等；

（二）参加肝脏、肾脏、心脏、肺脏、胰腺、小肠移植培训的医师应当在培训导师指导下参与完成的相应移植手术数量分别不少于 10 例、15 例、5 例、5 例、1 例、1 例，参与管理的病例数量不少于 15 例、20 例、8 例、8 例、2 例、2 例；

（三）参培医师应当在培训导师指导下至少参与完成 5 例遗体捐献器官的获取。

第二十三条 符合第十九条规定申请参加培训医师条件，经培训基地培训按规定考核合格的，由省级卫生健康行政部门认定人体器官移植医师执业资格。

第二十四条 省级卫生健康行政部门应当对人体器官移植医师执业资格认定的申请进行审核。申请材料齐全的，应当受理，并自受理之日起 20 个工作日内作出决定。不能作出决定的，经省级卫生健康行政部门负责人批准，可以延长 10 个工作日，并将延长期限的理由告知申请人。经认定取得相关专业人体器官移植医师执业资格的，由省级卫生健康行政部门在《医师执业证书》中注明。

第二十五条 人体器官移植医师变更或新增执业机构的，由变更或新增执业机构所在地的省级卫生健康行政部门加注。

第二十六条　人体器官移植医师执业资格被吊销，申请重新认定的，应当重新参加培训和考核。

第四章　监督管理

第二十七条　县级以上卫生健康行政部门负责人体器官移植技术临床应用监督管理工作。

国家卫生健康委不定期开展人体器官移植飞行检查，完善信息化监管和现场核查相结合的全链条监管机制。

县级以上地方卫生健康行政部门负责人体器官移植技术临床应用日常监督管理工作，每季度对医疗机构人体器官移植技术临床应用情况开展监督检查，鼓励应用信息化大数据手段进行非现场监督检查，有针对性开展飞行检查。

第二十八条　医疗机构对本机构人体器官移植技术临床应用和管理承担主体责任，医疗机构主要负责人是本机构人体器官移植技术临床应用管理的第一责任人。

医疗机构应当加强本机构人体器官获取、分配和移植全流程管理。相关临床科室要定期分析人体器官获取、分配和移植有关情况；医疗机构应当每月组织职能科室及人体器官移植伦理委员会对人体器官获取、分配和移植有关情况开展合规检查，发现问题及时整改。

第二十九条　医疗机构未按照人体器官移植技术临床应用管理要求履行相应管理职责和义务，未对遗体进行符合伦理原则的医学处理，未进行医学检查与风险评估以及未按规定报送数据的，依据《人体器官捐献和移植条例》等法规予以处罚。

第三十条　医疗机构开展活体器官移植前，未按规定履行告知义务、查验相关材料、开展伦理审查等工作，未规范开展活体器官移植的，依据《人体器官捐献和移植条例》等法规予以处罚。

第三十一条 医疗机构开展人体器官移植应当恪守救死扶伤、治病救人的医德规范。医疗机构及其任何工作人员不得利用人体器官或者人体器官移植，谋取不正当利益。

第三十二条 医疗机构应当严格按照规定的标准收取人体器官移植相关费用，向从事遗体器官获取的医疗机构支付遗体器官获取成本费用。严禁自立收费项目、分解收费、重复收费、串换收费、超标准收费等乱收费行为。医疗机构违反规定收取费用的，依照有关价格、医疗保障基金管理的法律、行政法规的规定予以处罚。

第三十三条 培训基地有下列情形之一的，不再承担培训工作：

（一）不符合《人体器官移植医师培训基地基本要求》；

（二）通过不正当手段成为培训基地；

（三）违反《人体器官捐献和移植条例》等法律、法规及国家有关规定；

（四）未能按照本规定要求有效开展培训工作。

第三十四条 培训导师聘期内有下列情形之一的，不再担任培训导师：

（一）发生二级以上医疗事故（负完全责任或主要责任）的；

（二）未能履行培训导师职责的；

（三）受刑事处罚的；

（四）受暂停医师执业活动或吊销《医师执业证书》行政处罚的；

（五）其他违法违规的情况。

第三十五条 人体器官移植医师取得执业资格后有下列情形之一的，由所在地省级卫生健康行政部门吊销或注销其人体器官移植医师执业资格：

（一）连续 3 年未开展人体器官移植临床或相关工作的；

（二）《医师执业证书》被吊销或注销的；

（三）医师定期考核不合格的；

（四）医师死亡或者丧失行为能力的；

（五）法律法规规定的应当吊销行政许可的其他情形。

第三十六条 有下列情形之一的，不予认定人体器官移植医师执业资格：

（一）不具备完全民事行为能力；

（二）受吊销《医师执业证书》行政处罚，申请之日尚未重新注册的；

（三）受暂停医师执业活动行政处罚，申请之日在暂停医师执业活动期内的；

（四）不符合培训条件，通过不正当手段获得培训资格的；

（五）未经培训基地培训或考核不合格的。

第五章　附　　则

第三十七条 本规定自 2024 年 5 月 1 日起施行。原卫生部《人体器官移植技术临床应用管理暂行规定》（卫医发〔2006〕94 号）、《关于规范活体器官移植若干规定》（卫医管发〔2009〕126 号）、《人体器官移植医师培训与认定管理办法》（国卫医发〔2016〕49 号）同时废止。

附件：人体器官移植医师培训基地基本要求

附件

人体器官移植医师培训基地基本要求

一、基本条件

（一）三级医院，具备开展相应人体器官移植项目的诊疗科目登记。

（二）近5年未发生违反人体器官移植有关法律、法规及规定的行为。

二、具备与开展人体器官移植技术培训工作相适应的场地、设备和设施等条件

（一）移植病区。肝脏和肾脏移植需设置相对独立的病区，普通区和隔离区设置符合要求；各病区核定床位30张以上。心脏移植和肺脏移植需各设置5张专用床位，胰腺移植与小肠移植需各设置2张专用床位。移植病区设备配置齐全，每床单元设置符合要求。移植病区应当建立健全并认真落实各项规章制度、人员岗位职责、医疗护理技术操作规程和相关技术规范等。

（二）重症医学科（ICU 或 TICU）。设置符合原卫生部《重症医学科建设与管理指南（试行）》要求，建筑布局、功能流向合理；设置监护病床为移植病床的15%—20%，基本设备设施配备符合要求。

（三）手术部。设置符合原卫生部《手术部（室）管理规范（试行）》和《医院洁净手术部建筑技术规范（GB50333—2013）》等要求，建筑布局、功能流向合理；净化手术间使用面积不少于$80m^2$；麻醉恢复室等设置符合要求。

（四）临床实验室。开展生化、血液、免疫、药物浓度、病原体、组织配型和移植病理检查。

（五）血液净化室。血液透析机 30 台以上，连续性肾脏替代治疗机（CRRT 机）5 台以上；具备完成常规透析、床边透析、血浆置换、单纯超滤等技术能力。

（六）脑死亡判定条件。具备独立开展死亡判定相适应的场地、设备和设施等条件。其中，脑死亡判定技术能力应当达到我国脑死亡判定标准与操作规范的最新相关要求。

（七）人体器官获取组织。独立成立或与其他医疗机构联合成立人体器官获取组织（以下简称 OPO），具备开展人体器官获取、保存维护与运输全流程教学相适应的人员、设备和设施等条件。包括：

1. 场地：业务工作区域布局符合工作流程和技术规范要求；器官捐献人维护单元不少于 4 个，具备重症监护的仪器和设备；固定的 OPO 办公室；器官捐献人家属接待室及休息场所；器官获取培训教学场地。

2. 设备与设施：呼吸机、心电监护仪等重症监护必需设备；便携式脑电图、体感诱发电位等神经电生理检查设备；便携式床旁彩超、体外膜肺氧合机（ECMO）、人工肝或器官体外灌注保存修复设施设备；器官获取器械、器官保存箱、灌注液、保存液、纤维支气管镜、药品、耗材等；专用车辆，包括人体器官移植协调员专用通勤车、器官捐献人转运车（配备呼吸机、ECMO 等）、器官获取手术专用车、器官运输专用车；信息化设备，包括信息报送和传输功能的计算机等设备；器官获取培训教学设施，如模拟人等。

（八）具备进行动物器官移植的实验条件。

三、具备开展人体器官移植技术培训工作相适应的专业技术人员

（一）人体器官移植培训导师。至少有 5 名培训导师，其中至少 2 名为主任医师。培训导师应当同时具备以下条件：

1. 连续从事人体器官移植临床工作 10 年以上，具有副主任医师以上专业技术职务任职资格。

2. 近 3 年累计主持实施肾脏移植手术大于 100 例，或肝脏移植手术大于 30 例，或心脏移植手术大于 10 例，或肺脏移植手术大于 5 例，或胰腺、小肠移植手术大于 2 例；未发生二级以上与人体器官移植技术相关的医疗事故（负主要责任或完全责任）；近 3 年内未发生违反器官移植相关法律法规的行为；无利用医疗卫生服务谋求不正当利益的违法违纪行为。

（二）脑死亡判定技术人员。经培训合格的脑死亡临床评估医师不少于 4 人；脑电图评估、诱发电位评估和经颅多普勒超声评估医师或卫生技术人员各不少于 1 名。

（三）OPO 人员。专职从事人体器官获取的医护工作人员不少于 5 人；经过专门培训并考核合格，具有资质的人体器官捐献协调员不少于 4 人；重症监护、抢救技术的中、高级专业技术任职资格的医师不少于 3 人；取得重症监护专业岗位培训证书的执业护士不少于 3 人；专职从事人体器官获取、分配与共享数据上报专业人员不少于 1 人。

（四）其他人员。呼吸内镜、麻醉、护理、医学影像、检验、病理等专业技术人员具备较高服务能力和水平。

四、具备较强的人体器官捐献与获取工作能力

（一）肾脏、肝脏移植医师培训基地所在 OPO 近 3 年每年完成遗体器官捐献案例数量 50 例以上；器官获取率（捐献器官数量/捐献人数）高于全国平均水平。

（二）心脏、肺脏移植医师培训基地所在 OPO 近 3 年每年完成遗体器官捐献案例数量不少于 10 例；器官获取率高于全国平均水平。

（三）胰腺、小肠移植医师培训基地所在 OPO 近 3 年每年完成遗体器官捐献案例数量不少于 10 例；器官获取率高于全国平均水平。

五、具备较强的人体器官移植技术临床应用能力

（一）肾脏移植医师培训基地近 3 年累计实施肾脏移植手术不少于 300 例，其中，实施遗体器官捐献来源肾脏移植手术不少于 150 例。移植肾脏 1 年存活率不低于 90%，3 年存活率不低于 75%，5 年存活率不低于 65%。

（二）肝脏移植医师培训基地近 3 年累计实施肝脏移植手术不少于 150 例，其中，实施遗体器官捐献来源肝脏移植手术不少于 75 例。良性终末期肝病移植肝脏 1 年存活率不低于 85%，3 年存活率不低于 75%，5 年存活率不低于 65%；肝脏恶性肿瘤移植肝脏 1 年存活率不低于 75%，3 年存活率不低于 55%。

（三）心脏移植医师培训基地近 3 年累计实施心脏移植手术不少于 45 例。移植心脏 1 年存活率不低于 85%，3 年存活率不低于 75%，5 年存活率不低于 70%。

（四）肺脏移植医师培训基地近 3 年累计实施肺脏移植手术不

少于 30 例。移植肺脏 1 年存活率不低于 65%，3 年存活率不低于 55%，5 年存活率不低于 45%。

（五）胰腺移植医师培训基地近 3 年累计实施胰腺移植手术不少于 5 例。

（六）小肠移植医师培训基地近 3 年累计实施小肠移植手术不少于 3 例。

六、具备较好的移植数据报送质量

相关专业人体器官移植数据报送质量位居全国前 20 名。

七、具备较强的科研创新能力

（一）近 3 年在人体器官移植技术方面，在国内核心期刊或科学引文索引（SCI）期刊发表学术论文、获得临床实用有关专利总计不少于 15 篇（项）。

（二）承担人体器官移植相关的国家级基金项目，举办过全国性人体器官移植技术专业学术会议或承担国家级继续医学教育项目。

国家卫生健康委关于印发《人体器官移植诊疗科目登记管理办法》的通知

国卫医急发〔2024〕15 号

各省、自治区、直辖市及新疆生产建设兵团卫生健康委：

为加强医疗机构人体器官移植诊疗科目登记管理工作，完善准入和退出机制，根据《人体器官捐献和移植条例》《医疗机构管理条例》等法规，国家卫生健康委制定了《人体器官移植诊疗科目登记管理办法》。现印发给你们，请结合实际，认真贯彻执行。

国家卫生健康委

2024 年 4 月 17 日

人体器官移植诊疗科目登记管理办法

第一章 总 则

第一条 为加强医疗机构人体器官移植诊疗科目登记管理工作，完善准入和退出机制，根据《人体器官捐献和移植条例》《医疗机构管理条例》等法规，制定本办法。

第二条 本办法适用于医疗机构人体器官移植诊疗科目登记管理和人体器官移植技术临床应用能力评估管理等工作。

第三条 国家卫生健康委负责全国医疗机构人体器官移植诊疗科目登记监督管理工作，具体负责医疗机构人体器官移植资质审查。省级卫生健康行政部门负责本辖区医疗机构人体器官移植诊疗科目登记管理工作，根据国家卫生健康委审查结论，办理人体器官移植诊疗科目登记。

第四条 医疗机构人体器官移植诊疗科目登记管理工作遵循统一规范、客观公正、科学准确、公平公开、便利高效的原则。

第五条 省级卫生健康行政部门应当制定本行政区域人体器官移植医疗机构设置规划。规划应当符合本行政区域人体器官移植医疗需求，综合考量评估本行政区域医疗机构人体器官移植技术水平和服务能力、人才队伍建设情况以及医疗机构管理能力等因素。

第二章 医疗机构诊疗科目登记

第六条 医疗机构从事人体器官移植，应当向国家卫生健康委提出申请。国家卫生健康委自受理申请之日起 5 个工作日内组织专家评审，于专家评审完成后 15 个工作日内作出决定并书面告知申请人。国家卫生健康委审查同意的，通知申请人所在地省级卫生健康行政部门办理相应人体器官移植诊疗科目登记，在申请医疗机构的执业许可证上注明获准从事的人体器官移植诊疗科目。

第七条 医疗机构人体器官移植资质评审应当遵循以下原则：

（一）区域均衡布局。根据省级卫生健康行政部门人体器官移植医疗机构设置规划和实际需求，在充分释放区域内现有人体器官移植医院服务能力的前提下，重点提升省外就诊比例较高省份的人体器官移植服务能力，扩大人体器官移植医疗服务供给，有效降低省外人体器官移植就诊比率。

（二）优质资源扩容。支持具备人体器官移植资质的国家医学中心及国家区域医疗中心主体医院等具有较强综合医疗能力、成熟开展人体器官移植技术、具备较强管理能力和良好医疗安全质量信誉的医疗机构新增人体器官移植诊疗科目，覆盖人体器官移植多个学科，促进优质医疗资源扩容和适度集中。

（三）短板学科优先。重点扶持心脏、肺脏、胰腺、小肠移植与儿童器官移植等器官移植短板学科，优先审查资质申请，扩大服务能力供给，提高器官综合利用率和人体器官移植技术水平，保障终末期心脏、肺脏、胰腺、小肠等器官衰竭患者的医疗需求。

（四）器官来源匹配。申请资格认定的医疗机构应当具备合法稳定的人体器官来源，人体器官捐献工作与人体器官移植手术需求相匹配。申报的人体器官移植项目与相应器官的捐献数量和获取能力相匹配。所在省份人体器官捐献数量与省内从事人体器官移植的医疗机构数量相匹配。

第八条 申请从事人体器官移植的医疗机构应当符合以下条件：

（一）三级甲等医院；

（二）有与从事人体器官移植相适应的管理人员、人体器官移植医师和其他医务人员。其中，人体器官移植医师的主执业机构应当为该医疗机构；

（三）有满足人体器官移植所需要的设备、设施和技术能力；

（四）有完善的医院管理与人体器官移植质量管理和控制制度；

（五）有符合国家有关规定的人体器官移植伦理委员会；

（六）有合法稳定的器官来源，连续两年遗体器官捐献成功案例每年不少于 10 例或连续两年遗体器官捐献成功案例总和超过 25 例；

（七）符合国家及省级卫生健康行政部门人体器官移植医疗机构设置规划；

（八）符合医疗机构开展人体器官移植工作依法执业相关要求；

上述第（二）项、第（三）项、第（四）项的具体要求，由国家卫生健康委另行制定。

第九条 申请从事人体器官移植的医疗机构应当提供以下材料：

（一）医疗机构人体器官移植诊疗科目登记申报表；

（二）合法稳定器官来源和遗体器官捐献成功案例的相关材料；

（三）在本单位注册执业的人体器官移植医师、与拟开展的人体器官移植相适应的其他专业技术人员名单及其专业履历；

（四）与拟开展的人体器官移植相适应的设备目录、性能、工作状况说明和相应辅助设施情况说明；

（五）人体器官移植伦理委员会成立文件、组成人员名单及其

专业履历;

（六）与拟开展人体器官移植相关的技术规范和管理制度。

第十条 评审程序:

（一）符合条件的医疗机构向国家卫生健康委提出书面申请并提交申请材料,同时提交省级卫生健康行政部门关于是否符合省级人体器官移植医疗机构设置规划的意见;

（二）国家卫生健康委对申请材料审核,并按时限组织专家评审;

（三）国家卫生健康委按时限将审核结果通知申请人和所在地省级卫生健康行政部门;

（四）省级卫生健康行政部门为通过评审的医疗机构办理对应的人体器官移植诊疗科目登记。

第十一条 已办理人体器官移植诊疗科目登记的医疗机构,分院区从事人体器官移植实行单独准入管理。

已办理人体器官移植诊疗科目登记的医疗机构调整从事人体器官移植的院区或增加分院区从事人体器官移植时,应当向国家卫生健康委提出申请,依法办理诊疗科目登记。

申请增加分院区从事人体器官移植的,其主院区和分院区应当同时符合本办法第八条规定的条件,保障开展人体器官移植手术的质量和安全。

第十二条 评审专家组应当严格按照人体器官移植资质评审基本规范、现场审核准则开展评审活动。

专家组应当对其承担的评审活动和评审结论的真实性、符合性负责,并承担相应法律责任。

专家组在现场审核中发现医疗机构存在违法违规行为的,应当及时向相应卫生健康行政部门报告。

第三章 临床应用能力评估管理

第十三条 省级卫生健康行政部门应当建立人体器官移植临床应用能力评估工作机制，制定实施方案并落实。评估内容包括但不限于依法执业、管理规范、技术能力、质量安全等情况，评估周期不超过2年。

省级卫生健康行政部门开展能力评估时，应当根据评估周期内本行政区域人体器官移植医疗机构设置规划并结合人体器官捐献和移植重点监管指标，选取评价指标。评价指标选取应当全面、有代表性。

第十四条 在人体器官移植临床应用能力评估中，存在以下情况之一的，应当限期整改，整改期一般不超过1年。整改结束后进行再次评估，如仍未达标的，省级卫生健康行政部门应当提出处理意见，及时报告国家卫生健康委：

（一）未将捐献器官获取费用全部纳入医疗机构财务统一管理；

（二）连续2年原发性移植物无功能发生率均高于全国平均水平，且相应指标无改善；

（三）连续2年移植物功能延迟恢复发生率均高于全国平均水平，且相应指标无改善。

第十五条 在人体器官移植临床应用能力评估中，存在以下情形之一的，应当暂停有关人体器官移植工作，将评估情况和结果报告国家卫生健康委：

（一）连续2年未开展相应人体器官移植手术；

（二）存在严重质量安全问题或者不再符合人体器官移植技术临床应用管理规范；

（三）活体器官移植未依照规定履行说明、查验、确认义务；

（四）未依照规定报送人体器官移植实施情况；

（五）未对接受人体器官移植的风险进行评估并采取相应措施；

（六）未执行分配系统分配结果；

（七）在人体器官移植中提供虚假材料；

（八）以伪造、篡改数据等方式干扰遗体器官分配；

（九）使用未经分配系统分配的遗体器官或者来源不明的人体器官实施人体器官移植；

（十）未办理人体器官移植诊疗科目登记，擅自从事人体器官移植；

（十一）人体器官移植医师数量未达到技术管理规范要求；

（十二）由非人体器官移植医师擅自实施人体器官移植手术；

（十三）违反国家有关规定开展移植工作。

第十六条 国家卫生健康委接到省级卫生健康行政部门报告后，需要注销诊疗科目的，及时通知省级卫生健康行政部门注销相应的人体器官移植诊疗科目。

第十七条 省级卫生健康行政部门应当按照实施方案完成每周期能力评估工作，并报告国家卫生健康委。报告内容包括以下方面：

（一）人体器官捐献和移植工作情况；

（二）本周期人体器官移植技术临床应用能力评估工作情况；

（三）评估结果。

第四章 监督管理

第十八条 专家组在评审活动中有下列情形之一的，国家卫生健康委根据情节轻重，对其进行约谈、暂停直至取消其从事评审活动：

（一）未按照评审基本规范、现场审核准则规定的要求实施现场审核；

（二）与所评审的医疗机构有利害关系或者其评审可能对公正性产生影响，未进行回避；

（三）透露工作中所知悉的工作秘密或敏感信息；

（四）向所评审的医疗机构谋取不正当利益；

（五）出具虚假或者不实评审结论。

第十九条　对评审过程及相关评审人员的违法违规行为，任何单位和个人有权举报。相关部门应当依据各自职责及时处理，并为举报人保密。

第二十条　医疗机构在人体器官移植资质申请过程中弄虚作假的，该医疗机构1年内不得再申请人体器官移植诊疗科目登记。

第二十一条　违反《人体器官捐献和移植条例》及有关规定，受到吊销诊疗科目行政处罚的医疗机构，3年内不得申请人体器官移植诊疗科目登记。

第二十二条　已经办理人体器官移植诊疗科目登记的医疗机构，人体器官移植医师发生变动或者有关的主要设备、设施及其他关键辅助支持条件发生变化，不再具备第八条规定条件的，应当停止开展人体器官移植，并向原登记部门报告。原登记部门应当自收到报告之日起2个工作日内吊销该医疗机构相应专业的人体器官移植诊疗科目登记，向国家卫生健康委报告，并予以公布。

第二十三条　县级以上地方卫生健康行政部门应当加强对开展人体器官移植医疗机构的监督管理，监督检查每季度不少于1次，并详细记录监督检查结果，发现其不具备《人体器官捐献和移植条例》和本办法第八条规定条件的，所在地省级卫生健康行政部门应当及时注销其人体器官移植相应专业诊疗科目登记。

第二十四条　县级以上地方卫生健康行政部门进行监督检查时，有权采取下列措施：

（一）进入工作现场了解情况，调查取证；

（二）查阅有关资料，必要时可以复制有关资料；

（三）责令医疗机构立即改正违法违规行为。

第二十五条　医疗机构未经诊疗科目登记擅自开展人体器官移植的，由县级以上地方卫生健康行政部门依据《人体器官捐献和移植条例》《医疗机构管理条例》的规定给予处罚。

第二十六条　省级卫生健康行政部门对不具备人体器官移植技术临床应用能力和不符合本行政区域人体器官移植医疗机构设置规划的医疗机构不予登记。对已取得人体器官移植相应专业诊疗科目的医疗机构，应当定期组织专家对其人体器官移植技术临床应用能力进行评估，评估不合格的，应当及时注销其人体器官移植相应专业诊疗科目登记。

第二十七条　省级卫生健康行政部门应当对参加医疗机构人体器官移植技术临床应用能力评估的专家进行考核，对考核不合格或者发现有下列情形之一的，取消其评估资格，5年内不再聘请其承担评估工作：

（一）评估结果存在重大偏差；

（二）不能按照本办法及相关规定完成或者胜任评估工作；

（三）严重违反评估程序。

第二十八条　参加人体器官移植技术临床应用能力评估工作的人员在评估过程中滥用职权、弄虚作假或者非法收受财物以及谋取其他不正当利益的，由省级卫生健康行政部门取消其参加评估工作的资格，并由其所在单位给予行政处分。省级卫生健康行政部门 5 年内不得再聘任其参加评估工作。

第二十九条 卫生健康行政部门及其工作人员违反规定干预评估工作的，上级卫生健康行政部门或者工作人员所在的卫生健康行政部门应当及时纠正；后果严重的，应当依法依规给予有关负责人和直接责任人员行政处分。

第三十条 医疗机构和执业医师在开展人体器官捐献和移植工作中有违反《中华人民共和国医师法》《人体器官捐献和移植条例》《医疗机构管理条例》等法律法规行为的，按照有关法律法规处罚。

第五章　附　　则

第三十一条 本办法自 2024 年 5 月 1 日起施行。

国家卫生健康委关于印发人体器官移植伦理委员会工作规则的通知

国卫医急发〔2024〕13号

各省、自治区、直辖市及新疆生产建设兵团卫生健康委：

为保障人的生命健康，维护人的尊严，尊重和保护人体器官捐献人和移植接受人的合法权益，规范医疗机构人体器官移植伦理委员会伦理审查工作，依据《中华人民共和国民法典》《中华人民共和国基本医疗卫生与健康促进法》《人体器官捐献和移植条例》等法律法规，国家卫生健康委制定了《人体器官移植伦理委员会工作规则》。现印发给你们，请结合实际，认真贯彻执行。

国家卫生健康委

2024 年 4 月 15 日

人体器官移植伦理委员会工作规则

第一章　总　　则

第一条　为保障人的生命健康，维护人的尊严，尊重和保护人体器官捐献人和移植接受人的合法权益，规范医疗机构人体器官移植伦理委员会伦理审查工作，依据《中华人民共和国民法典》《中华人民共和国基本医疗卫生与健康促进法》《人体器官捐献和移植条例》等法律法规，制定本规则。

第二条　本规则适用于医疗机构人体器官移植伦理委员会依法开展人体器官捐献和移植伦理审查工作，包括遗体器官获取伦理审查、活体器官获取伦理审查等。

第三条　人体器官移植伦理审查应当遵循有利、不伤害、尊重生命、公平公正、符合规律和公序良俗的基本伦理原则。

第四条　开展人体器官获取与移植的医疗机构应当成立人体器官移植伦理委员会。人体器官移植伦理委员会应当合法、独立、透明、及时、有效地开展工作。医疗机构负责本单位人体器官移植伦理审查工作的管理。

第二章　委员会组成

第五条　人体器官移植伦理委员会应当由医学、法学、伦理学等方面专家和非本机构的社会人士组成，人数不得少于9人，且为奇数，委员表决权平等。委员会中从事人体器官移植的医学专家不超过委员人数的四分之一。

第六条　医疗机构人体器官移植伦理委员会委员任期5年，可以连任。人体器官移植伦理委员会设主任委员1人，副主任委员不超过2人，由人体器官移植伦理委员会委员协商推举或选举产生，并由所在医疗机构任命。医疗机构移植临床学科负责人、器官获取组织负责人不得在人体器官移植伦理委员会中担任副主任委员以上职务。

第七条　所有委员及专（兼）职秘书和办公室工作人员在任职前应当接受相关法律法规、规章制度及专业伦理知识培训。任职后应当定期接受相关培训，以确保委员具备符合工作要求的审查能力。

第三章　委员会工作职责

第八条　人体器官移植伦理委员会的职责包括：

（一）按照《人体器官捐献和移植条例》有关要求，制定本机构人体器官移植伦理审查制度、工作机制并组织实施；

（二）组织开展本机构的遗体器官获取和活体器官获取活动的伦理审查工作；

（三）对医疗机构在人体器官捐献和移植的临床实践中遇到的伦理难题进行讨论，提出伦理学意见；

（四）建立人体器官捐献和移植相关法律、法规、规章制度、伦理知识的培训制度，制定培训计划并监督实施。

第九条　人体器官移植伦理委员会委员应当签署保密协议，承诺对所承担的伦理审查工作履行保密义务，对人体器官捐献人和移植接受人的医疗信息和个人隐私等保密。

第十条　医疗机构成立人体器官移植伦理委员会应当向所在地省级卫生健康行政部门报告。报告内容包括：医疗机构基本信息、伦理委员会成员名单及工作简历、成立及换届文件、章程及其他工作制度、重大议题和讨论结果。

第四章　伦理审查

第十一条　人体器官移植伦理审查应当依据以下原则：

（一）自愿无偿原则。人体器官捐献应当遵循自愿、无偿的原则，任何组织或者个人不得强迫、欺骗或者利诱他人捐献人体器官。

（二）知情同意原则。公民表示捐献其人体器官的意愿，应当采用书面形式，也可以订立遗嘱。公民对已经表示捐献其人体器官的意愿，有权予以撤销；公民生前未表示不同意捐献其遗体器官的，该公民死亡后，其配偶、成年子女、父母可以书面形式共同决定捐献。

（三）控制风险原则。活体器官捐献应当确保捐献人因捐献器官而可能遭受的风险程度最小化，除获取器官产生的直接后果外，不会损害活体器官捐献人其他正常生理功能。

（四）公平公正原则。严格按照人体器官获取组织服务范围获取遗体器官，不得以医学、伦理学因素以外的其他因素干扰伦理审查。

（五）保护隐私原则。切实保护人体器官捐献人和移植接受人的隐私，除法律法规规定的情形之外未经授权不得将捐献人和接受人的个人信息向第三方透露。

第十二条　申请获取遗体器官伦理审查时应当向人体器官移植伦理委员会提交下列材料：

（一）遗体器官捐献人死亡医学证明；

（二）遗体器官捐献知情同意的书面材料；

（三）遗体器官捐献人及捐献器官临床医学评估报告；

（四）遗体器官捐献确认相关材料等；

（五）伦理委员会认为需要提供的其他相关材料。

第十三条 申请获取活体器官伦理审查时应当向人体器官移植伦理委员会提交下列材料：

（一）活体器官捐献人、接受人双方合法身份证明文件和反映其亲属关系的户籍证明或司法部门认可的亲属关系证明；

（二）活体器官捐献人自愿无偿捐献器官的书面材料；

（三）获取活体器官和器官移植手术风险及术后并发症知情同意书；

（四）活体器官捐献人健康及风险评估情况；

（五）活体器官获取必要性、适应证评估及配型情况；

（六）伦理委员会认为需要提供的其他相关材料。

第十四条 人体器官移植伦理委员会收到获取遗体器官审查申请后，应当对下列事项进行审查：

（一）自愿无偿捐献遗体器官的书面意愿是否真实；

（二）遗体器官捐献相关知情同意是否符合法律法规的规定；

（三）有无买卖或者变相买卖遗体器官及跨服务区转介潜在遗体器官捐献人的情形；

（四）遗体器官捐献人及捐献器官医学评估情况；

（五）是否符合医学和伦理学原则。

第十五条 人体器官移植伦理委员会收到获取活体器官审查申请后，应当对下列事项进行审查：

（一）活体器官捐献意愿是否真实；

（二）有无买卖或者变相买卖活体器官的情形；

（三）活体器官接受人是否为捐献人的配偶、直系血亲或者三代以内旁系血亲，查验第十三条规定的相关证明材料真实性；

（四）活体器官的配型和移植接受人的适应证是否符合人体器

官移植技术临床应用相关技术规范；

（五）活体器官捐献人的健康和心理状态是否适宜捐献器官；

（六）是否符合医学和伦理学原则。

第十六条 人体器官移植伦理委员会收到申请后，应当及时召开审查会议，根据讨论结果出具意见。

情况紧急的，在确保信息安全的前提下，可以采用视频等方式召开会议并保存记录。

第十七条 经人体器官移植伦理委员会三分之二以上委员同意，方可出具同意获取遗体器官或同意获取活体器官的书面意见。

第五章 监督管理

第十八条 县级以上卫生健康行政部门负责人体器官移植伦理审查工作的监督管理。医疗机构对本机构的人体器官移植伦理审查工作承担主体责任，医疗机构主要负责人为第一责任人。

第十九条 省级卫生健康行政部门应当指导本行政区域内相关医疗机构成立人体器官移植伦理委员会，加强监督管理，规范开展人体器官移植伦理审查工作。

第二十条 医疗机构未经人体器官移植伦理委员会审查同意获取人体器官的，以及人体器官移植伦理委员会违反伦理原则或者出具虚假审查意见的，依据《人体器官捐献和移植条例》等法律法规给予处罚、处分。

第二十一条 人体器官移植伦理委员会委员每年缺席伦理审查会议 3 次以上，不按照规定履行伦理审查职责或因个人原因不适宜继续从事伦理审查工作的，应当及时予以调换。

第二十二条 人体器官移植伦理委员会委员未按规定开展伦理审查工作，或出具虚假审查意见的，依据《人体器官捐献和移植条例》等法律法规给予处罚、处分。

第二十三条　人体器官移植伦理委员会委员未履行保密义务，导致人体器官捐献人和移植接受人的医疗信息和个人隐私泄露的，依据《人体器官捐献和移植条例》等法律法规给予处罚、处分。

第二十四条　本规则自 2024 年 5 月 1 日起施行。

关于印发人体捐献器官获取收费和财务
管理办法（试行）的通知

国卫医发〔2021〕18 号

各省、自治区、直辖市及新疆生产建设兵团卫生健康委、发展改革委、财政厅（局）、市场监管局、医疗保障局、红十字会，军队有关单位：

为规范人体捐献器官获取收费和财务管理，促进我国人体器官捐献与移植事业高质量发展，我们制定了《人体捐献器官获取收费和财务管理办法（试行)》。现印发给你们，请遵照执行。

国家卫生健康委　　国家发展改革委

财政部　　国家市场监管总局

国家医保局　　中国红十字会总会

中央军委后勤保障部卫生局

2021 年 6 月 8 日

人体捐献器官获取收费和财务管理办法

（试行）

第一章　总　　则

第一条　为推进人体器官捐献与移植工作，进一步规范人体捐献器官获取收费管理和财务管理，持续提升人体器官移植服务可及性，维护人体器官捐献公益性，促进人体器官捐献与移植事业高质量发展，根据《价格法》《人体器官移植条例》《人体捐献器官获取与分配管理规定》等法律法规和规范性文件，结合工作实际，制定本办法。

第二条　本办法适用于公民逝世后捐献器官（以下简称捐献器官，包括器官段）的获取收费管理和财务管理。角膜等人体组织获取收费管理和财务管理参照此办法执行。

第三条　本办法中捐献器官获取是指由人体器官获取组织（以下简称OPO）按照人体器官捐献、获取法定程序，根据人体器官获取标准流程和技术规范，进行器官评估、维护、获取、保存、修整、分配和转运等移植前相关工作的全过程。

本办法中捐献器官获取收费管理，是指明确捐献器官获取成本的构成，合理测算捐献器官获取成本，规范收费标准形成机制并进行管理的过程。

第四条　OPO运行应当坚持公益性，以非营利为原则，收费标准制定应当以成本补偿为基础，统筹考虑获取过程中的资源消耗、技术劳务价值和群众可承受程度。

第五条　捐献器官获取过程中发生的服务和资源消耗，由

OPO 向服务主体付费，列入 OPO 获取捐献器官的成本。

第二章　获取成本

第六条　捐献器官获取的直接成本主要包括：器官捐献者相关的成本、器官获取相关的成本、器官捐献者家属相关的成本等。

第七条　器官捐献者相关的成本主要包括：

（一）捐献者医学支持成本。包括捐献者及潜在捐献者评估、器官功能维护、检验、检查、转运、死亡判定等成本。

（二）样本留存成本。主要为因医学需要，留存捐献者血液、尿液、淋巴结及其他组织标本等成本。

（三）遗体修复及善后成本。包括遗容修整、遗体转运、丧葬、尸检等成本。

（四）器官捐献管理成本。主要为完成器官捐献法定流程所付出的管理成本。

第八条　器官获取相关的成本主要包括：

（一）器官获取手术成本。包括捐献器官获取、器官劈离、手术室使用，以及与手术相关的医学检查检验等辅助性医疗服务。

（二）器官医学支持成本。包括器官质量评估、器官保存、器官修整、器官灌注、病理评估、检查检验等。

（三）器官转运成本。包括将获取后的器官转运至移植医院的人力、设备、交通及食宿等成本。

第九条　器官捐献者家属相关的成本主要包括器官捐献者家属在依法办理器官捐献事宜期间的交通、食宿、误工补贴等成本。

第十条　在测算捐献器官获取的直接成本时，应当涵盖捐献器官损失成本。器官损失率超过最近三年全省（自治区、直辖市）年平均水平的，超出部分不纳入捐献器官获取成本。

第十一条 捐献器官获取的间接成本指 OPO 运行和管理成本。

第三章　获取收费

第十二条 省级卫生健康行政部门会同相关部门公布捐献器官获取收费目录，制定全省（自治区、直辖市）统一的捐献器官获取收费标准，及时向国家卫生健康委及相关部门备案，并向社会公开。省级卫生健康行政部门应当及时将各省份公布的捐献器官获取收费项目及标准提供给相关移植医院。

第十三条 捐献器官获取收费标准按照捐献器官类型分别制定，用于弥补 OPO 获取捐献器官的成本。捐献器官获取收费应当涵盖本办法第二章捐献器官获取的直接和间接成本。

不同类型捐献器官获取收费，应当按照器官获取的资源消耗程度保持合理的比价关系。

同一类型捐献器官获取收费，标准供器官与器官段之间的收费标准应当保持合理的比价关系。

第十四条 省级卫生健康行政部门应当会同相关部门组织辖区内 OPO 定期测算捐献器官获取成本，测算周期不超过 2 年。本省份 OPO 捐献器官获取成本平均增幅或降幅超过 5% 时，应当动态调整捐献器官获取收费标准。

第四章　财务管理

第十五条 OPO 应当设立单独的 OPO 银行账户或在依托单位银行账户下进行独立核算，对捐献器官获取相关资金进行独立管理。

第十六条 移植医院代收捐献器官获取费用。移植医院代收费的标准即提供器官的 OPO 所在省份执行的捐献器官获取收费标准，不得加价，不得在捐献器官获取收费目录外擅自向患者收取其他任何费用。

移植医院应当将代收的捐献器官获取费用全部纳入本院财务管理，禁止账外流转。在收取费用后，公立医院和非营利性医疗机构向患者开具医疗收费票据，营利性医疗机构开具符合规定的发票，填写项目为"代收捐献器官获取费用"。

第十七条 移植医院应当及时向分配捐献器官的 OPO 支付代收的捐献器官获取费用，OPO 收到费用后应当向移植医院提供符合财务入账要求的凭据，填写项目为"捐献器官获取费用"，移植医院所在省份应当允许移植医院据以入账。

第十八条 OPO 在收到捐献器官获取费用后，应当按照以下规则向捐献医院、红十字会等相关服务主体和捐献者家属等支付各类获取相关成本费用。

（一）器官获取手术成本相关项目的费用，可按照服务主体执行的相应医疗服务价格项目和标准支付。

（二）捐献者及器官医学支持成本的相关项目的费用，可据实结算或与器官捐献医院等服务主体协商支付，结算标准报省级卫生健康行政部门备案。

（三）OPO 采购药品、医用耗材的费用，按照其采购价格据实与供应商结算。

（四）器官转运、遗体修复及善后、捐献者家属相关的非医学等费用，当地相关部门规定了项目收费标准或补偿标准的，从其规定；未规定收费标准的，可与服务提供方协商支付。

第十九条 OPO 支付第十八条相关成本费用时，应当根据费用性质取得相应结算票据或费用证明。

第二十条 省级卫生健康行政部门会同财政部门出台捐献器

官获取费用收支财务管理规定，建立符合捐献器官获取工作特点的财务管理制度。

第二十一条 OPO、OPO 所在医疗机构、捐献医院以及移植医院，应当严格规范捐献器官获取和移植收付费管理，建立完善捐献器官获取和移植收付费相关管理制度和工作机制并落实。

第二十二条 OPO、捐献医院应当制定捐献器官获取工作的绩效管理方案，充分调动器官捐献与获取工作积极性，保障捐献器官获取工作高效、可持续运行。

第二十三条 省级卫生健康行政部门会同财政部门和医疗保障部门依职责对 OPO、OPO 所在医疗机构、捐献医院以及移植医院的捐献器官获取和移植收付费管理制度和工作机制建立落实情况定期进行监督检查。省级卫生健康行政部门会同市场监督管理部门加强对辖区内捐献器官获取收费标准执行情况的监督管理，定期开展监督检查。

第五章 附 则

第二十四条 OPO、OPO 所在医疗机构、捐献医院以及移植医院涉嫌违反《价格法》、《人体器官移植条例》及有关价格管理规定的，依法依规予以处理。

第二十五条 OPO 所在医疗机构未设立单独的 OPO 银行账户或未在依托单位银行账户下进行独立核算、未建立器官获取使用费用收支财务管理制度的，应当进行整改，整改期间暂停器官获取和分配工作。

移植医院未将器官获取费用全部纳入医疗机构财务统一管理的，应当进行整改，整改期间暂停器官接收工作。

第二十六条 省级卫生健康行政部门应当会同发展改革部门、

财政部门、市场监督部门、医疗保障部门、红十字会，根据本办法制定实施细则。

第二十七条　本办法下列用语的含义：

（一）移植医院：使用捐献器官完成移植手术的医院。

（二）捐献医院：人体器官捐献者或潜在捐献者所在医院。

（三）器官损失：在器官获取过程中，因各种原因未完成器官获取、获取后弃用器官或移植后发生原发性无功能的情况。

（四）器官段：根据移植实际需要，按照器官解剖结构切取的具备相关生理功能的部分器官。

（五）服务主体：包括器官获取过程中，向 OPO 提供或者受 OPO 委托提供捐献者评估、维护、检验、检查、分配、转运、死亡判定、样本留存、尸检、遗体修复及善后，捐献协调、见证与审核，器官获取手术和辅助性医疗服务，器官质量评估、保存、修整、灌注和转运等服务的医疗机构、第三方机构或专家个人。

第二十八条　本办法由国家卫生健康委会同相关部门予以解释。

第二十九条　本办法自 2021 年 9 月 1 日起试行。

国家卫生健康委办公厅关于印发人体器官移植技术临床应用管理规范（2020年版）的通知

国卫办医函〔2020〕705号

各省、自治区、直辖市及新疆生产建设兵团卫生健康委：

为进一步规范和加强人体器官移植技术临床应用管理，促进我国人体器官移植事业健康发展，保障医疗质量和医疗安全，根据《人体器官移植条例》，我委组织专家对《肝脏、肾脏、心脏、肺脏移植技术管理规范》（卫医发〔2006〕243号）进行修订，并增加同种异体胰腺、小肠移植技术管理规范相关内容，形成了《人体器官移植技术临床应用管理规范（2020年版）》。现印发给你们，请遵照执行。

本规范自印发之日起施行，2006年6月27日印发的《肝脏、肾脏、心脏、肺脏移植技术管理规范》（卫医发〔2006〕243号）同时废止。

国家卫生健康委办公厅

2020年8月24日

人体器官移植技术临床应用管理规范

（2020 年版）

为规范人体器官移植技术临床应用，保障医疗质量与患者安全，根据《人体器官移植条例》，制定本规范。本规范是医疗机构及其医务人员开展人体器官移植技术的基本要求。

本规范所称人体器官移植技术，是指将人体器官捐献人具有特定功能的心脏、肺脏、肝脏、肾脏、胰腺、小肠等器官的全部或者部分，植入接受人身体以代替其病损器官的技术。

一、医疗机构基本要求

（一）根据有关法律、法规、规章及规范性文件要求，规范开展人体器官捐献与移植工作。

（二）具有与开展人体器官移植技术相适应的诊疗科目。

（三）具有符合规定的人体器官移植临床应用与伦理委员会。

（四）具有完善的人体器官移植技术临床应用管理制度、质量控制制度、数据报送管理制度，能够贯彻落实各项规章制度、人员岗位职责、医疗护理技术操作规程和相关技术规范等。

（五）具有人体器官移植技术工作相适应的场地和设备设施：

1. 移植病区。需设置相对独立的病区，普通区和保护区设置符合要求；保护区应当有明确的分区标识和管理细则；肝脏、肾脏 移植病区床位不少于 20 张，心脏、肺脏移植病区床位不少于 5 张，胰腺、小肠移植病区床位不少于 2 张；移植病区设备设施配置齐全，病房床单元设置能够满足移植患者管理需要。

2. 重症医学科。设置符合《重症医学科建设与管理指南（试行）》要求，科室建筑布局、功能流程合理，达到Ⅲ级洁净辅助用房标准。移植重症监护病床数量原则上不少于移植病区床单元数量的 20%，其中开展肝脏、心脏、肺脏、胰腺、小肠移植技术至少设置 1 张重症监护单间病床。配备多功能心电监护仪、血流监测等必要的设备设施，能够满足人体器官移植技术专业需求。

3. 手术室。设置符合《医院手术部（室）管理规范（试行）》和《医院洁净手术部建筑技术规范（GB50333—2013）》等要求，建筑布局、功能流程合理，移植手术间净使用面积不少于 40 平方米，达到 I 级洁净手术室标准。辅助设备能够满足人体器官移植手术需要，麻醉恢复室等设置符合要求。介入手术室符合放射防护及无菌操作条件，有应急抢救设施与药品器材，能够开展冠状动脉造影、右心导管检查等心导管检查项目。其中，开展心脏、肺脏移植技术还应当分别具备心内膜心肌活检、肺组织活检技术能力等。

4. 检验科。能够开展免疫抑制剂血药浓度检测、血型抗体效价检测等检验项目。其中，开展肾脏、心脏、肺脏、胰腺及小肠移植技术还应当具备 HLA 抗体、HLA 组织配型等检测能力。相关检验项目应当参加省级以上室间质评并合格。

5. 病理科。能够运用免疫组织化学、分子生物学、特殊染色以及电子显微镜等技术进行分析，满足人体器官活体组织病理学诊断需求。

6. 血液透析室。有独立的血液透析室，设置 10 台以上血液透析设备，具备常规透析、床旁透析、血浆置换、单纯超滤等血液透析技术能力。其中开展肾脏移植技术还应当具有 2 台以上连续性肾脏替代治疗机（CRRT 机）。

7. 其他科室。能够开展医学影像诊断、介入诊疗技术、术后免疫排斥反应诊断和监测，并具备处理相关并发症的科室和技术能力。

8. 器械、设备与设施。具备人体器官移植手术专用器械；呼吸机、心电监护仪等重症监护必须设备；便携式脑电图、体感诱发电位等神经电生理检查设备；便携式床旁彩超、床边 X 光机、体外膜肺氧合设备（ECMO）、计算机辅助 X 线断层扫描、彩色多普勒超声诊断设备、磁共振、数字化减影血管造影、纤维支气管镜、纤维胃镜、纤维结肠镜、酶谱检测仪、快速冰冻切片设备和医学影像图像管理系统，以及人体器官移植数据网络直报专用计算机等。

9. 在具备上述要求外，相关人体器官移植技术临床应用还应当分别满足以下条件：

（1）肝脏移植技术：普通外科（肝胆专业）床位不少于 80 张，每年完成肝、胆、胰外科手术不少于 500 例，其中独立完成的半肝切除术、胰头癌根治术等四级手术占 20% 以上；消化内科有独立的病区，床位不少于 50 张，技术能力能够满足肝脏移植需要。

（2）肾脏移植技术：泌尿外科床位不少于 40 张，每年完成泌尿外科手术不少于 800 例，其中肾脏手术 150 例以上，能够独立完成前列腺癌、膀胱癌、肾癌根治术；肾病科床位不少于 40 张，能够进行肾脏活体组织病理检查，技术能力能够满足肾脏移植需要。

（3）心脏移植技术：心脏大血管外科床位不少于 40 张，每年开展心脏外科手术不少于 500 例，能够开展终末期心脏病的外科治疗，具备主动脉内球囊反搏、体外膜肺氧合（ECMO）技术能力；心血管内科有独立的病区，床位不少于 80 张，技术能力能够满足心脏移植需要；医学影像科等科室具备开展经食管心脏超声检查、无创性心血管成像与血液动力学检查、弥散与灌注成像等技术能力。

（4）肺脏移植技术：胸外科床位不少于40张，每年完成胸外科手术不少于1000例，具备开展气管及支气管成形术、肺动脉袖状成形术等常规手术能力，能够开展胸腔镜下肺癌根治术、复杂肺切除手术及纵膈肿瘤手术等；呼吸内科有独立的病区，床位不少于40张，技术能力能够满足肺脏移植需要；医学影像科等科室能够开展无创性肺部成像、肺血流和灌注成像以及肺通气、弥散功能、残气量测定以及气道高反应性测定等肺功能检查项目。

（5）胰腺、小肠移植技术：普通外科床位不少于80张，每年完成肝、胆、胰外科手术不少于500例，其中独立完成的半肝切除术、胰头癌根治术等四级手术占20%以上；营养科能够为胰腺、小肠移植患者术前生存和术后消化系统功能恢复提供营养支持。其中，开展小肠移植技术还应当具备开展移植肠内窥镜监测及移植肠粘膜活体组织病理学检查的技术能力。

二、人员基本要求

（一）人体器官移植医师。开展肝脏、肾脏、心脏、肺脏移植技术临床应用，应当至少有3名经省级卫生健康行政部门或军队卫生部门认定的本机构在职人体器官移植医师，其中，至少1名应当具有主任医师专业技术任职资格。开展胰腺、小肠移植技术临床应用，应当至少有1名经省级卫生健康行政部门或军队卫生部门认定的本机构在职人体器官移植医师。

（二）脑死亡判定技术人员。经培训合格具备脑电图评估、诱发电位评估和经颅多普勒超声评估能力的医师或卫生技术人员不少于1人；具备脑死亡临床评估能力的医师不少于2人。

（三）其他人员。具备开展相应器官移植技术所需的麻醉、重症、护理等相关卫生技术人员，以及专门的移植数据网络直报人员。

三、技术管理基本要求

（一）严格遵守人体器官移植技术操作规范和诊疗指南，严格掌握器官移植技术适应证和禁忌证。规范使用中国人体器官分配与共享计算机系统（COTRS），移植器官来源合法、可溯源。

（二）人体器官移植技术临床应用应当严格履行伦理审查程序，遵守知情同意、隐私保护等伦理学要求。

（三）医疗机构应当按照手术分级管理的有关规定，对人体器官移植医师进行评估，具备人体器官移植技术临床应用能力的，准予其作为术者开展相关人体器官移植手术，并建立人体器官移植技术临床应用管理档案，纳入个人技术档案管理。

（四）术者应当由本机构相应人体器官移植医师担任，成立相关人体器官移植的多学科诊疗组，制定个体化的治疗与管理方案。

（五）肾脏、心脏、肺脏、胰腺、小肠移植手术前必须进行交叉配型、组织配型和群体反应抗体（PRA）检测。

（六）在完成肝脏、肾脏、心脏、肺脏移植手术后，应当按照要求于72小时内将相关病例数据信息报送至相应移植质控中心，并接受数据质量核查。

（七）建立健全器官移植手术后随访制度，并按规定进行随访、记录。

（八）医疗机构和医师按照规定定期接受器官移植技术临床应用能力评价，包括中国人体器官分配与共享计算机系统（COTRS）规范使用情况、手术适应证、手术成功率、严重并发症、医疗事故发生情况、术后患者管理、患者术后生存质量、随访情况、病历质量和数据报送质量等。

四、培训管理要求

人体器官移植医师的培训与人体器官移植医师培训基地的建设应当严格按照国家及省级卫生健康行政部门有关规定执行。

国家卫生健康委办公厅关于印发肝脏、肾脏、心脏、肺脏移植技术医疗质量控制指标（2020 年版）的通知

国卫办医函〔2020〕443 号

各省、自治区、直辖市及新疆生产建设兵团卫生健康委：

为进一步加强医疗质量管理，规范临床诊疗行为，促进医疗服务的标准化、同质化，我委组织制定了肝脏、肾脏、心脏、肺脏 4 个器官移植技术医疗质量控制指标。现印发给你们，供各级卫生健康行政部门、相关专业质控中心和医疗机构在医疗质量管理与控制工作中使用。

各级各类医疗机构要充分利用相关质控指标开展质量管理工作，不断提升医疗质量管理的科学化和精细化水平。各省级卫生健康行政部门和相关专业质控中心要加强对辖区内医疗机构的培训和指导，采用信息化手段加强指标信息收集、分析和反馈，指导医疗机构持续改进医疗质量。

附件：1. 肝脏移植技术医疗质量控制指标（2020 年版）

2. 肾脏移植技术医疗质量控制指标（2020 年版）

3. 心脏移植技术医疗质量控制指标（2020 年版）

4. 肺脏移植技术医疗质量控制指标（2020年版）

国家卫生健康委办公厅

2020年6月6日

附件1

肝脏移植技术
医疗质量控制指标（2020年版）

指标一、肝癌肝脏移植指标（LIT－01）

（一）肝癌肝脏移植受者比例（LIT－01－01）。

定义：肝癌肝脏移植受者人数占同期肝脏移植手术受者总人数的比例。

计算公式：

$$肝癌肝脏移植受者比例 = \frac{肝癌肝脏移植受者人数}{同期肝脏移植手术受者总人数} \times 100\%$$

（二）单发肿瘤，直径不超过5cm的肝癌肝脏移植受者比例（LIT－01－02）。

定义：单发肿瘤，直径不超过5cm的肝癌肝脏移植受者人数占同期肝癌肝脏移植手术受者总人数的比例。

计算公式：

$$单发肿瘤，直径不超过5cm的肝癌肝脏移植受者比例 = \frac{单发肿瘤，直径不超过5cm的肝癌肝脏移植受者人数}{同期肝癌肝脏移植手术受者总人数} \times 100\%$$

（三）多发肿瘤，肿瘤数目不超过 3 个，最大直径不超过 3cm 的肝癌肝脏移植受者比例（LIT - 01 - 03）。

定义：多发肿瘤，肿瘤数目不超过 3 个，最大直径不超过 3cm 的肝癌肝脏移植受者人数占同期肝癌肝脏移植手术受者总人数的比例。

计算公式：

$$\text{多发肿瘤，肿瘤数目不超过 3 个，最大直径不超过 3cm 的肝癌肝脏移植受者比例} = \frac{\text{多发肿瘤，肿瘤数目不超过 3 个，最大直径不超过 3cm 的肝癌肝脏移植受者人数}}{\text{同期肝癌肝脏移植手术受者总人数}} \times 100\%$$

意义：反映医疗机构肝癌肝脏移植受者情况。

指标二、肝脏移植手术指标（LIT - 02）

（一）冷缺血时间比例（LIT - 02 - 01）。

定义：冷缺血时间比例为冷缺血时间在不超过 6 小时（h），6 - 12h 和 12h 以上三个时间段中的肝脏移植手术人数分别占同期肝脏移植手术总人数的比例。

计算公式：

1. 冷缺血时间≤6h 比例（LIT - 02 - 01A）。

$$\text{冷缺血时间} \leq 6\text{h 比例} = \frac{\text{冷缺血时间不超过 6h 的手术人数}}{\text{同期肝脏移植手术总人数}} \times 100\%$$

2. 6h < 冷缺血时间≤12h 比例（LIT - 02 - 01B）。

$$6\text{h} < \text{冷缺血时间} \leq 12\text{h 比例} = \frac{\text{冷缺血时间在 6 - 12h 的手术人数}}{\text{同期肝脏移植手术总人数}} \times 100\%$$

3. 冷缺血时间 > 12h 比例（LIT - 02 - 01C）。

$$\text{冷缺血时间} > 12\text{h 比例} = \frac{\text{冷缺血时间 12h 以上的手术人数}}{\text{同期肝脏移植手术总人数}} \times 100\%$$

（二）无肝期比例（LIT - 02 - 02）。

定义：无肝期比例为无肝期时间不超过 60 分钟（min），60 - 120min 和 120min 以上三个时间段中的肝脏移植手术人数分别占同期肝脏移植手术总人数的比例。

计算公式：

1. 无肝期≤60min 比例（LIT－02－02A）。

$$无肝期≤60min \ 比例 = \frac{无肝期不超过60min的手术人数}{同期肝脏移植手术总人数} \times 100\%$$

2. 60min＜无肝期≤120min 比例（LIT－02－02B）。

$$60min＜无肝期≤120min \ 比例 = \frac{无肝期在60-120min的手术人数}{同期肝脏移植手术总人数} \times 100\%$$

3. 无肝期＞120min 比例（LIT－02－02C）。

$$无肝期＞120min \ 比例 = \frac{无肝期120min以上的手术人数}{同期肝脏移植手术总人数} \times 100\%$$

（三）手术时间比例（LIT－02－03）。

定义： 手术时间比例为手术时间在不超过6h，6－10h 和10h 以上三个时间段中的肝脏移植手术人数分别占同期肝脏移植手术总人数的比例。

计算公式：

1. 手术时间≤6h 比例（LIT－02－03A）。

$$手术时间≤6h \ 比例 = \frac{手术时间不超过6h的手术人数}{同期肝脏移植手术总人数} \times 100\%$$

2. 6h＜手术时间≤10h 比例（LIT－02－03B）。

$$6h＜手术时间≤10h \ 比例 = \frac{手术时间在6-10h的手术人数}{同期肝脏移植手术总人数} \times 100\%$$

3. 手术时间＞10h 比例（LIT－02－03C）。

$$手术时间＞10h \ 比例 = \frac{手术时间在10h以上的手术人数}{同期肝脏移植手术总人数} \times 100\%$$

（四）术中大出血发生率（LIT－02－04）。

定义： 成人肝脏移植手术受者术中出血量在2000ml 及以上的手术人数占同期成人肝脏移植手术总人数的比例。

计算公式：

$$术中大出血发生率 = \frac{成人肝脏移植手术受者术中出血量在2000ml及以上的手术人数}{同期成人肝脏移植手术总人数} \times 100\%$$

意义：通过监测手术相关指标，进行医疗机构横向和纵向比较了解本医疗机构手术安全情况。

指标三、术后主要并发症指标（LIT-03）

（一）术后早期肝功能不全（EAD）发生率（LIT-03-01）。

定义：肝脏移植手术后发生 EAD 的手术人数占同期肝脏移植手术总人数的比例。

计算公式：

$$术后 EAD 发生率 = \frac{发生 EAD 的手术人数}{同期肝脏移植手术总人数} \times 100\%$$

说明：符合下列一个或多个标准的病例视为发生 EAD：

（1）术后第 7 天总胆红素（TB）≥171 umol/L（10mg/dL）。

（2）术后第 7 天国际标准化比值（INR）≥1.6（应用抗凝药物原因除外）。

（3）术后 7 天内谷丙转氨酶（ALT）或谷草转氨酶（AST）＞2000 IU/L。

（二）术后非计划二次手术率（LIT-03-02）。

定义：肝脏移植手术后发生非计划二次手术的手术人数占同期肝脏移植手术总人数的比例。

计算公式：

$$术后非计划二次手术率 = \frac{进行非计划二次手术的手术人数}{同期肝脏移植手术总人数} \times 100\%$$

说明：非计划二次手术是指在同一次住院期间，因各种原因导致受者需进行的计划外再次手术。

（三）术后血管并发症发生率（1 周内、1 月内、3 月内）
（LIT – 03 – 03）。

定义：肝脏移植手术后发生血管并发症的手术人数占同期肝脏移植手术总人数的比例。

计算公式：

$$术后血管并发症发生率 = \frac{发生血管并发症的手术人数}{同期肝脏移植手术总人数} \times 100\%$$

说明：血管并发症包括肝动脉、肝静脉和门静脉系统的狭窄、血栓、出血。

（四）术后超急性排斥反应、急性排斥反应发生率（1 周内、1 月内、6 月内、1 年内）（LIT – 03 – 04）。

定义：肝脏移植手术后发生超急性排斥反应、急性排斥反应的手术人数占同期肝脏移植手术总人数的比例。

计算公式：

$$术后超急性/急性排斥反应发生率 = \frac{发生超急性/急性排斥反应的手术人数}{同期肝脏移植手术总人数} \times 100\%$$

说明：超急性排斥反应指移植肝脏与受者血管接通后数分钟至 24 小时内发生的排斥反应。根据肝脏活检病理结果判定排斥反应。

（五）术后胆道并发症发生率（1 月内、6 月内、1 年内）
（LIT – 03 – 05）。

定义：肝脏移植手术后发生胆道并发症的手术人数占同期肝脏移植手术总人数的比例。

计算公式：

$$术后胆道并发症发生率 = \frac{术后发生胆道并发症的手术人数}{同期肝脏移植手术总人数} \times 100\%$$

说明：胆道并发症指具有临床表现，有影像学依据，需要进行手术或者介入性治疗的胆道狭窄、梗阻、胆瘘、胆汁瘤、胆结石、胆泥形成及 Odds 括约肌功能障碍。

（六）术后耐药菌感染发生率（1周内、1月内、6月内、1年内）（LIT – 03 – 06）。

定义：肝脏移植手术后发生耐药菌感染的手术人数占同期肝脏移植手术总人数的比例。

计算公式：

$$术后耐药菌感染发生率 = \frac{发生术后耐药菌感染的手术人数}{同期肝脏移植手术总人数} \times 100\%$$

说明：多重耐药肺炎克雷伯杆菌、大肠杆菌、阴沟肠杆菌、嗜麦芽寡养单胞菌、鲍曼不动杆菌、铜绿假单胞菌感染纳入耐药菌感染统计，其余暂不做统计。

意义：反映的是术后并发症发生比例，用于评价医疗机构肝脏移植技术的安全性，通过同级别医疗机构的横向比较，以及不同时间的纵向比较及时发现术后并发症的现状、趋势及危险因素，为其预防、控制和制定质量改进目标提供科学依据，提升医疗机构肝脏移植技术水平和术后管理质量。

指标四、受者术后生存指标（LIT – 04）

（一）术后早期死亡率（LIT – 04 – 01）。

定义：肝脏移植术后 30 天内受者全因死亡人数占同期肝脏移植手术受者总人数的比例。

计算公式：

$$术后早期死亡率 = \frac{肝脏移植术后30天内受者全因死亡人数}{同期肝脏移植手术受者总人数} \times 100\%$$

（二）受者术后生存率（1年、3年、5年）（LIT – 04 – 02）。

定义：肝脏移植某一时间（1年、3年、5年）随访尚存活的受者人数占同期肝脏移植手术受者总人数的比例。

计算公式：

1. 良性肝病肝脏移植受者术后生存率（LIT－04－02A）。

$$良性肝病肝脏移植受者术后生存率 = \frac{肝脏移植手术后某一时间随访尚存活的良性肝病受者人数}{同期良性肝病肝脏移植手术受者总人数} \times 100\%$$

2. 肝癌肝脏移植受者术后生存率（LIT－04－02B）。

$$肝癌肝脏移植受者术后生存率 = \frac{肝脏移植手术后某一时间随访尚存活的肝癌肝脏移植受者人数}{同期肝癌肝脏移植手术受者总人数} \times 100\%$$

（三）肝癌肝脏移植受者术后无瘤生存率（1 年、3 年、5 年）（LIT－04－03）。

定义：肝癌肝脏移植某一时间（1 年、3 年、5 年）无瘤存活的受者人数占同期肝癌肝脏移植手术受者总人数的比例。

计算公式：

$$肝癌肝脏移植受者术后无瘤生存率 = \frac{肝癌肝脏移植受者移植后某一时间无瘤存活的受者人数}{同期肝癌肝脏移植手术受者总人数} \times 100\%$$

意义：反映肝脏移植的中远期疗效，与医疗机构手术技术、术后医疗管理质量等情况密切相关，与同级医疗机构进行横向比较，评价医疗机构肝脏移植医疗技术与术后管理质量。

指标五、中国肝移植注册系统（CLTR）数据报送质量指标（LIT－05）

（一）数据完整度（LIT－05－01）。

定义：向 CLTR 系统所报送数据的完整度累计值与同期肝脏移植总人数的比例。

计算公式：

$$数据完整度 = \frac{\Sigma 每例肝脏移植病例数据完整度得分}{同期肝脏移植总人数} \times 100\%$$

（二）数据及时性（LIT－05－02）。

定义：完成肝脏移植手术后 72 小时内向 CLTR 系统报送的病例数占同期肝脏移植总人数的比例。

计算公式：

$$数据及时性 = \frac{术后 72 小时内报送的病例数}{同期肝脏移植总人数} \times 100\%$$

（三）数据真实性（LIT－05－03）。

定义：向 CLTR 系统所报送数据的真实性总得分与同期肝脏移植总人数的比例。

计算公式：

$$数据真实性 = \frac{\Sigma 每例肝脏移植病例数据真实性得分}{同期肝脏移植总人数} \times 100\%$$

说明：数据真实性采取加权赋分，依据以下两项内容进行考察，各占 50%：

（1）查看所有病例相关数据报送情况是否合理，例如身高、体重、热缺血时间、冷缺血时间、手术时间、无肝期时间等重要参数是否在合理的阈值。

（2）按比例随机抽取各移植中心报送 CLTR 系统的肝脏移植病例，数据管理员提供所抽取病例的生存情况证明（如最近一次检查化验单）上交至国家肝脏移植质控中心，根据重要参数比对情况给出真实性得分。各中心随机抽取病例数的标准如下图：

肝脏移植受者真实性抽取例数标准

统计时段内移植总数（例）	抽取比例（%）	抽取总数（例）
＜10	100	—
10－50	—	10
50－100	20	—
＞100	—	20

（四）有效随访率（LIT－05－04）。

定义：肝脏移植手术后在CLTR系统中报送的有效随访例次数占同期肝脏移植应完成总例次数的比例。

计算公式：

$$有效随访率 = \frac{\sum\frac{每例肝脏移植病例一定时间内完成的有效随访次数}{同期每例肝脏移植病例应完成的有效随访次数}}{同期肝脏移植总人数} \times 100\%$$

术后时间	时间段末应随访次数
1月	4次
1－3月	8次
3－6月	11次
6－12月	14次
1－2年	18次
2－5年	24次
>5年	**

** 术后时间5年后，每半年随访一次，应随访次数依次累积。

（五）受者失访率（LIT－05－05）。

定义：肝脏移植手术后一定时间内失访的受者人数占同期肝脏移植手术受者总人数的比例。

计算公式：

$$受者失访率 = \frac{肝脏移植手术后一定时间内失访的受者人数}{同期肝脏移植手术受者总人数} \times 100\%$$

说明：在CLTR系统中标记为"失访"的受者视为失访，除标记为"死亡"、"存活，再移植"的受者外，超过1年未更新随访状态的受者也视为失访。

意义：数据及时性、完整度和真实性反映医疗机构实施肝脏移植手术后数据报送的规范性、及时程度和数据质量以及医疗机构管理水平。提高数据质量有助于提高对各项指标分析的准确性，更明确地了解肝脏移植技术的现状和趋势，进行针对性的改进。长期随访与受者的中远期治疗密切相关，有效随访率和失访率，反映医疗机构肝脏移植术后中远期管理水平。

附件 **2**

肾脏移植技术
医疗质量控制指标（2020 年版）

指标一、冷热缺血时间（KTS‒01）

定义： 热缺血时间≤10 分钟（min）、冷缺血时间≤24 小时（h）的肾脏移植人数分别占同期肾脏移植总人数的比例。

计算公式：

（一）热缺血时间≤10min 的比例（KTS‒01A）。

$$热缺血时间≤10min\ 的比例 = \frac{热缺血时间≤10min\ 的人数}{同期肾脏移植总人数} × 100\%$$

（二）冷缺血时间≤24h 的比例（KTS‒01B）。

$$冷缺血时间≤24h\ 的比例 = \frac{冷缺血时间≤24h\ 的人数}{同期肾脏移植总人数} × 100\%$$

意义： 反映医疗机构肾脏移植技术水平和团队工作效率的重要过程指标之一。

说明：（1）热缺血时间：从供体心跳停止或肾动脉阻断（亲属间活体捐献）到冷灌注的时间。

（2）冷缺血时间：从供肾冷灌注开始到植入体内恢复血液再灌注的时间。

指标二、亲属间活体捐献者重大并发症发生率（KTS‒02）

定义： 亲属间活体肾脏捐献者，术后 30 天内发生的重大并发症的人数占同期亲属间活体肾脏捐献者总人数的比例。

计算公式：

$$亲属间活体捐献者重大并发症发生率 = \frac{亲属间活体器官捐献者术后30天内重大并发症发生人数}{同期亲属间活体肾脏移植总人数} \times 100\%$$

意义： 反映医疗机构亲属间活体肾脏移植技术水平和安全性的重要结果指标之一。

说明： 亲属间活体捐献者重大并发症包括围手术期死亡和2000ml以上的大出血。

指标三、术后30天内死亡率（KTS-03）

定义： 肾脏移植术后30天内受者全因死亡人数占同期肾脏移植总人数的比例。

计算公式：

$$术后30天死亡率 = \frac{肾脏移植术后30天内受者全因死亡人数}{同期肾脏移植总人数} \times 100\%$$

意义： 体现肾脏移植手术操作的水平与近期治疗效果，用于评价医疗机构肾脏移植技术的安全性，是反映医疗机构肾脏移植技术水平的重要结果指标之一。

指标四、移植肾功能延迟恢复发生率（KTS-04）

定义： 肾脏移植术后发生移植肾功能延迟恢复（DGF）的受者人数占同期肾脏移植总人数的比例。

计算公式：

$$DGF发生率 = \frac{肾脏移植术后发生DGF受者人数}{同期肾脏移植总人数} \times 100\%$$

意义： 是反映医疗机构肾脏移植技术水平的重要过程指标之一。

说明： DGF是指肾脏移植术后一周内需要透析治疗或术后一

周血肌酐未下降至 $400\mu moI/L$ 以下。

指标五、血管并发症发生率 （KTS – 05）

定义：肾脏移植术后 1 年内发生血管并发症的受者人数占同期肾脏移植总人数的比例。

计算公式：

$$血管并发症发生率 = \frac{肾脏移植术后 1 年内发生血管并发症的受者人数}{同期肾脏移植总人数} \times 100\%$$

意义：是反映医疗机构肾脏移植技术水平的重要过程指标之一。

说明：肾脏移植术后血管并发症主要包括：移植肾动静脉破裂和血栓、移植肾动脉狭窄、移植肾动脉瘤。

指标六、急性排斥反应发生率 （KTS – 06）

定义：肾脏移植术后 1 年内发生急性排斥反应受者人数占同期肾脏移植总人数的比例。

计算公式：

$$急性排斥反应发生率 = \frac{肾脏移植术后 1 年内发生急性排斥反应受者人数}{同期肾脏移植总人数} \times 100\%$$

意义：反映医疗机构对肾脏移植术后急性排斥反应的防治水平，是体现医疗机构肾脏移植技术水平的重要过程指标之一。

说明：急性排斥反应，是肾脏移植术后最常见的一种排斥反应，一般发生在肾脏移植术后几个小时至 6 个月内，临床上表现为发热、全身不适、移植肾肿大和疼痛，同时伴有移植肾功能突然减退。

指标七、术后感染发生率 （KTS – 07）

定义：肾脏移植术后 100 天内发生感染的受者人数占同期肾脏

移植总人数的比例。

计算公式：

$$术后感染发生率 = \frac{肾脏移植术后100天内发生感染的受者人数}{同期肾脏移植总人数} \times 100\%$$

意义： 体现医疗机构对肾脏移植术后感染的防治水平，是反映医疗机构肾脏移植技术水平的重要过程指标之一。

说明： 肾脏移植术后无症状的下尿路感染不在统计之列。

指标八、中国肾脏移植科学登记系统（CSRKT）数据报送质量指标（KTS – 08）

（一）数据完整度（KTS – 08 – 01）。

定义： 向 CSRKT 系统报送数据的完整度得分累计值与同期肾脏移植总人数的比例。

计算公式：

$$数据完整度 = \frac{所有病例的完整度得分累计值}{同期肾脏移植总人数}$$

意义： 反映医疗机构实施肾脏移植手术后数据报送的完整性。

说明： 每例肾脏移植报送数据的完整度得分 =（实际录入的重要参数的数量/规定录入的重要参数总数量）×100%。

（二）数据及时性（KTS – 08 – 02）。

定义： 完成肾脏移植手术后72小时内向 CSRKT 系统报送患者数占同期肾脏移植总人数的比例。

计算公式：

$$数据及时性 = \frac{术后72小时内报送的患者数}{同期肾脏移植总人数} \times 100\%$$

意义： 反映医疗机构实施肾脏移植手术后，数据报送的及时程度。

（三）数据真实性（KTS-08-03）。

定义： 向 CSRKT 系统所报送数据的真实性总得分与同期肾脏移植总人数的比例。

计算公式：

$$数据真实性 = \frac{\sum 每例肾脏移植病例数据真实性得分}{同期肾脏移植总人数} \times 100\%$$

意义： 反映医疗机构实施肾脏移植手术后，数据报送的质量及真实性程度。

说明： 数据真实性采取加权赋分，依据以下两项内容进行考察，各占50%：

（1）查看所有病例相关数据报送情况是否合理，例如身高、体重、热缺血时间、冷缺血时间、手术时间、术后并发症等重要参数是否在合理的阈值。

（2）按比例随机抽取各移植中心报送 CSRKT 系统的肾脏移植病例，数据管理员提供所抽取病例的生存情况证明（如最近一次检查化验单）上交至国家肾脏移植质控中心，根据重要参数比对情况给出真实性得分。各中心随机抽取病例数的标准如下图：

肾脏移植受者真实性抽取例数标准

统计时段内移植总数（例）	抽取比例（%）	抽取总数（例）
<10	100	—
10-50	—	10
50-100	20	—
>100	—	20

（四）受者总体随访质量（KTS-08-04）。

定义： 该医疗机构所有病例的随访质量得分的平均值。

计算公式：

$$受者总体随访质量 = \frac{随访质量得分总和}{该机构同期肾脏移植总人数}$$

意义： 反映肾脏移植术后受者的远期预后及该医疗机构对受者的管理水平。

说明： 每例肾脏移植的随访质量得分 = （实际随访次数/应随访次数）× （实际录入的随访参数/应录入的随访参数）。

指标九、移植肾生存率 （KTS – 09）

定义： 接受肾脏移植手术后，在某段时间 （1 年、3 年、5 年等），移植肾脏的生存率。

计算公式： 采用乘积极限法 （Kaplan – Meier 法） 计算。

意义： 体现医疗机构对肾脏移植术后受者的综合管理水平，是反映医疗机构肾脏移植技术水平的重要结果指标之一。

说明： 生存率需要和生存概率加以区别。例如：已知某医疗机构在术后 1 年内，有 98 例移植肾尚有功能，将其除以当年移植总人数 （若为 100 例），即可得出该机构的一年移植肾生存概率为 98%。但由于没有引入具体的移植肾存活时间，生存概率不能反映移植肾的存活随着时间的变化情况。而生存分析中则能很好地解决这个问题。将医疗机构上报的移植肾失功的病例、相应的术后失功时间导入统计软件，采用 Kaplan – Meier 法，进行复杂运算后得出该机构在术后不同时间内的移植肾生存率。

附件 3

心脏移植技术
医疗质量控制指标（2020 年版）

指标一、伦理委员会决议通过率（HTS－01）

定义：单位时间内，术前经医疗机构伦理委员会讨论通过的心脏移植患者数占心脏移植总人数的比例。

计算公式：

$$伦理委员会决议通过率 = \frac{通过伦理委员会讨论的心脏移植手术人数}{同期心脏移植手术总人数} \times 100\%$$

意义：该指标反映医疗机构实施心脏移植手术的规范性。

说明：具备心脏移植机构的单位必须根据相关规定成立器官移植技术临床应用伦理委员会，在实施心脏移植手术前，需要经过伦理委员会充分论证实施手术的合理性和必要性。

指标二、术前有创肺动脉压监测率（HTS－02）

定义：单位时间内，术前进行有创肺动脉压监测的人数占心脏移植总人数的比例。

计算公式：

$$术前有创肺动脉压监测率 = \frac{术前进行有创肺动脉压监测的人数}{同期心脏移植手术总人数} \times 100\%$$

意义：该指标反映医疗机构实施心脏移植手术术前评估的规范性。

说明：术前进行有创肺动脉压监测，有助于了解肺动脉压等指标，帮助了解移植受者肺功能状况是否正常或及时治疗纠正。

指标三、术前心肺运动试验检查率（HTS-03）

定义：单位时间内，术前进行心肺运动试验（CPET）检查的心脏移植人数占心脏移植总人数的比例。

计算公式：

$$术前 CPET 检查率 = \frac{术前进行 CPET 检查的心脏移植手术人数}{同期心脏移植手术总人数} \times 100\%$$

意义：该指标反映医疗机构实施心脏移植手术术前评估的规范性。

说明：对不存在心肺运动试验禁忌证的移植候选者，采用该试验进行心脏移植入选评估，心肺运动试验检查能够帮助了解移植受者心脏以外器官功能状况是否正常或及时治疗纠正。

指标四、供体心脏缺血时间小于等于 6 小时的比例（HTS-04）

定义：单位时间内，医疗机构获取的供体心脏的缺血时间小于等于 6 小时的心脏移植例数占总例数的比例。

计算公式：

$$供体心脏缺血时间小于等于 6 小时的比例 = \frac{供体心脏缺血时间小于等于 6 小时的心脏移植例数}{同期心脏移植手术总例数} \times 100\%$$

意义：反映医疗机构心脏移植手术过程中供体心脏选择和维护的规范性。

说明：供体心脏缺血时间：从供体心脏的获取开始灌注到心脏移植手术后开始供血的时间。

指标五、术中术后生命支持应用率（HTS-05）

定义：单位时间内，心脏移植术中术后使用体外膜肺氧合

（ECMO）、主动脉内球囊反搏（IABP）和连续性肾脏替代治疗（CRRT）的人数占同期心脏移植总人数的比例。

计算公式：

HTS－05－01：

$$ECMO 应用率 = \frac{术中术后使用 ECMO 的心脏移植手术人数}{同期心脏移植手术总人数} \times 100\%$$

HTS－05－02：

$$IABP 应用率 = \frac{术中术后使用 IABP 的心脏移植手术人数}{同期心脏移植手术总人数} \times 100\%$$

HTS－05－03：

$$CRRT 应用率 = \frac{术中术后使用 CRRT 的心脏移植手术人数}{同期心脏移植手术总人数} \times 100\%$$

意义： 反映医疗机构实施心脏移植手术的医疗质量。

指标六、术后机械通气时间小于等于 48 小时的比例（HTS－06）

定义： 单位时间内，心脏移植手术受者术后接受机械通气的时间小于等于 48 小时的人数占心脏移植总人数的比例。

计算公式：

$$术后机械通气时间小于等于 48 小时的比例 = \frac{术后机械通气时间小于等于 48 小时的人数}{同期心脏移植手术总人数} \times 100\%$$

意义： 该指标反映医疗机构实施心脏移植手术的医疗质量。

指标七、术后并发症发病率（HTS－07）

定义： 单位时间内，心脏移植手术受者术后（自手术开始至出院）发生的手术相关并发症人数占同期心脏移植总人数的比例。

计算公式：

$$术后并发症发病率 = \frac{术后出现并发症的心脏移植人数}{同期心脏移植手术总人数} \times 100\%$$

意义： 反映医疗机构实施心脏移植手术的医疗质量。

说明： 手术相关并发症包括术后感染、心脏骤停、二次气管插管，气管切开和二次开胸手术。术后感染包括移植术后的细菌，真菌和病毒感染。

指标八、术后院内死亡率（HTS－08）

定义： 单位时间内，心脏移植手术受者术后（自手术开始至出院）全因死亡人数占同期心脏移植总人数的比例。

计算公式：

$$术后院内死亡率 = \frac{心脏移植手术受者术后全因死亡人数}{同期心脏移植手术总人数} \times 100\%$$

意义： 反映医疗机构实施心脏移植手术的医疗质量。

指标九、术后存活率（HTS－09）

定义： 根据术后随访数据计算心脏移植术后 30 天、1 年、3 年、5 年和 10 年存活的心脏移植受者人数占同期应随访心脏移植总人数的比例。

计算公式：

$$心脏移植术后（30 天、1 年、3 年、5 年、10 年）存活率 = \frac{术后（30 天、1 年、3 年、5 年、10 年）存活的心脏移植人数}{同期应随访心脏移植手术总人数} \times 100\%$$

意义： 反映医疗机构心脏移植术后的随访规范性。

说明： 心脏移植术后受者管理的目标是指导受者认识疾病，提高依从性，协助随访医师识别排斥反应，减少并发症和治疗，以获得长期生存和较高的生活质量。医疗机构应建立心脏移植术后随访档案，积极引导受者进行定期随访。

指标十、中国心脏移植注册登记数据报送质量指标（HTS－10）

（一）数据完整度（HTS－10－01）。

定义：向中国心脏移植注册系统报送数据的完整度得分与同期心脏移植总人数的比例。

计算公式：

$$数据完整度 = \frac{\sum 每例心脏移植手术上报数据完整度得分}{同期心脏移植手术总人数} \times 100\%$$

意义：反映医疗机构实施心脏移植手术后数据报送的完整性。

说明：完整度得分由中国心脏移植质注册登记系统要求填报的移植手术主要参数计算。

（二）数据及时性（HTS－10－02）。

定义：完成心脏移植手术后72小时内向中国心脏移植注册系统报送病例数占同期心脏移植总人数的比例。

计算公式：

$$数据及时性 = \frac{及时报送数据的手术例数}{同期心脏移植手术总人数} \times 100\%$$

意义：反映医疗机构实施心脏移植手术后，数据报送的及时程度。

说明：每例心脏移植手术要求在术后72小时内在中国心脏移植注册系统进行数据填报，超过72小时为不及时填报。

（三）随访完整度（HTS－10－03）。

定义：向中国心脏移植注册系统报送的随访数据完整度得分与同期心脏移植总人数的比例。

计算公式：

$$随访完整度 = \frac{\sum 每例心脏移植受者出院随访数据完整度得分}{同期心脏移植手术总人数} \times 100\%$$

意义： 反映心脏移植术后受者的远期预后及该医疗机构对受者的管理规范性。

说明： 心脏移植受者出院后需要定期接受随访，随访完整度得分根据上报到中国心脏移植注册系统受者随访的数据完整度总分计算。

附件 4

肺脏移植技术
医疗质量控制指标（2020 年版）

指标一、肺脏移植绝对适应证占比（LUT-01）

定义：符合临床肺脏移植手术绝对适应证的手术人数占同期肺脏移植手术总数的比例。

计算公式：

$$肺脏移植绝对适应证占比 = \frac{符合肺脏移植手术绝对适应证的手术人数}{同期肺脏移植手术总人数} \times 100\%$$

意义：反映肺脏移植手术患者选择的合理性、规范性。

说明：（1）肺脏移植绝对适应证范围：慢性终末期肺疾病患者经过最优化、最合理治疗，肺功能仍进行性降低，无进一步的内科或外科治疗可能，2 年内因肺部疾病致死的风险极高（>50%），即应考虑肺脏移植。

（2）肺脏移植绝对适应证包括：慢性阻塞性肺疾病（COPD）、a1 抗胰蛋白酶缺乏/肺气肿、间质性肺疾病（ILD）、囊性纤维化（CF）/支气管扩张、肺动脉高压（PAH）等。其中 ILD 包括特发性间质性肺炎和风湿免疫疾病或其他因素继发的间质性肺病。

指标二、热缺血时间≤1 分钟（min）比例（LUT-02）

定义：热缺血时间≤1min 的肺脏移植手术人数占同期肺脏移植手术总人数的比例。

计算公式：

$$热缺血时间≤1min 比例 = \frac{热缺血时间≤1min 的肺脏移植手术人数}{同期肺脏移植手术总人数} \times 100\%$$

意义：反映供体获取手术者的熟练程度及获取的及时性。

指标三、冷缺血时间≤12 小时（h）比例（LUT－03）

定义：冷缺血时间≤12 小时的肺脏移植手术人数占同期肺脏移植手术总人数的比例。

计算公式：

$$冷缺血时间≤12h\ 比例 = \frac{冷缺血时间≤12h\ 的肺脏移植手术人数}{同期肺脏移植手术总人数} \times 100\%$$

说明：冷缺血时间是指从供体获取时肺动脉阻断到受体移植时肺动脉开放时的时间。

意义：反映手术者技术熟练程度及供体转运地点和时间的合理性。

指标四、术中异体输血≤1000 毫升（ml）手术比例（LUT－04）

定义：术中输入异体血≤1000ml 的肺脏移植手术例数（包括未输血例数）占同期肺脏移植手术例数的比例。

计算公式：

$$术中异体输血≤1000ml\ 手术比例 = \frac{\begin{array}{c}术中输入异体血≤1000ml\ 的\\肺脏移植手术例数\end{array}}{同期肺脏移植手术总例数} \times 100\%$$

意义：反映肺脏移植医疗技术水平以及异体输血适应证的掌握情况。

指标五、术后二次开胸率（LUT－05）

定义：肺脏移植术后一个月内再次开胸的人数占同期肺脏移植总人数的比例。

计算公式：

$$术后二次开胸率 = \frac{肺脏移植术后一个月内再次开胸的人数}{同期肺脏移植手术总人数} \times 100\%$$

意义： 反映医疗机构肺脏移植技术水平及术后管理水平。

指标六、术后 3 个月内感染发生率（LUT－06）

定义： 肺脏移植术后 3 个月内发生感染的人数占同期肺脏移植总人数的比例。

计算公式：

（一）术后 3 个月内细菌感染发生率（LUT－06－01）。

$$术后 3 个月内细菌感染发生率 = \frac{肺脏移植术后 3 个月内发生细菌感染的人数}{同期肺脏移植手术总人数} \times 100\%$$

（二）术后 3 个月内真菌感染发生率（LUT－06－02）。

$$术后 3 个月内真菌感染发生率 = \frac{肺脏移植术后 3 个月内发生真菌感染的人数}{同期肺脏移植手术总人数} \times 100\%$$

（三）术后 3 个月内病毒感染发生率（LUT－06－03）。

$$术后 3 个月内病毒感染发生率 = \frac{肺脏移植术后 3 个月内发生病毒感染的人数}{同期肺脏移植手术总人数} \times 100\%$$

意义： 反映肺脏移植术后管理水平。

说明： 肺脏移植术后感染主要包括细菌感染、真菌感染及病毒感染。细菌感染包括血流感染、肺部感染、支气管感染、吻合口感染，常见致病菌包括多重耐药肺炎克雷伯菌、鲍曼不动杆菌和铜绿假单胞菌；真菌感染以曲霉感染为主，包括支气管感染、吻合口感染、侵袭性肺部感染和全身播散性感染；病毒感染包括 CMV 感染、社区获得性呼吸道病毒感染。其中社区获得性呼吸道病毒感染病原体包括：小 RNA 病毒（鼻病毒、肠病毒），冠状病毒科（冠状病毒），副黏病毒科（呼吸道合胞病毒、副流感病毒和肺炎病毒），正黏病毒科（流行性感冒病毒 A、B），腺病毒科（腺病毒）。

指标七、术后 6 个月内气道吻合口并发症发生率（LUT – 07）

定义：肺脏移植术后 6 个月内发生气道吻合口并发症的人数占同期肺脏移植总人数的比例。

计算公式：

$$术后6个月内气道吻合口并发症发生率 = \frac{术后6个月内发生气道吻合口并发症的肺脏移植人数}{同期肺脏移植手术总人数} \times 100\%$$

意义：反映医疗机构肺脏移植技术水平及术后管理水平。

说明：气道吻合并发症包括缺血坏死、裂开、狭窄和软化。

指标八、诊断符合率（LUT – 08）

定义：诊断符合的人数占同期肺脏移植总人数的比例。

计算公式：

$$诊断符合率 = \frac{肺脏移植术后病理诊断与入院诊断相符合的人数}{同期肺脏移植总人数} \times 100\%$$

意义：反映医疗机构肺脏移植患者入院诊断的准确性。

说明：诊断符合是指肺脏移植患者的术后病理诊断与入院诊断相符合。

指标九、术后（6 月、1 年、3 年、5 年、10 年）生存率（LUT – 09）

定义：肺脏移植术后（6 月、1 年、3 年、5 年、10 年）随访（失访者按未存活统计）尚存活的肺脏移植患者数占同期肺脏移植总人数的比例。

计算公式：

$$术后（6月、1年、3年、5年、10年）生存率 = \frac{肺脏移植术后（6月、1年、3年、5年、10年）随访尚存活的肺脏移植患者数}{同期肺脏移植总人数} \times 100\%$$

意义： 反映肺脏移植患者的近、远期疗效。

指标十、中国肺脏移植注册登记数据报送质量指标（HTS－10）

（一）数据完整度（HTS－10－01）。

定义： 向中国肺脏移植注册系统报送数据的完整度得分与同期肺脏移植总人数的比例。

计算公式：

$$数据完整度 = \frac{\sum 每例肺脏移植手术上报数据完整度得分}{同期肺脏移植手术总人数} \times 100\%$$

意义： 反映医疗机构实施肺脏移植手术后数据报送的完整性。

说明： 完整度得分由中国肺脏移植注册登记系统要求填报的移植手术主要参数计算。

（二）数据及时性（HTS－10－02）。

定义： 完成肺脏移植手术后72小时内向中国肺脏移植注册系统报送病例数占同期肺脏移植总人数的比例。

计算公式：

$$数据及时性 = \frac{及时报送数据的肺脏移植手术例数}{同期肺脏移植手术总人数} \times 100\%$$

意义： 反映医疗机构实施肺脏移植手术后，数据报送的及时程度。

说明： 每例肺脏移植手术要求在术后72小时内在中国肺脏移植注册系统进行数据填报，超过72小时为不及时填报。

（三）随访完整度（HTS－10－03）。

定义： 向中国肺脏移植注册系统报送的肺脏移植术后随访的

例次数占同期肺脏移植术后应当进行随访的总例次数的比例。

计算公式：

$$患者随访率 = \frac{肺脏移植术后随访的例次数}{同期肺脏移植术后应当进行随访的总例次数} \times 100\%$$

意义： 反映肺脏移植受者的远期预后及该医疗机构对受者的管理规范性。

说明： 肺脏移植受者出院后需要定期（每半年一次）接受随访。

国家卫生健康委办公厅关于印发人体器官获取组织基本要求和质量控制指标的通知

国卫办医函〔2019〕197号

各省、自治区、直辖市及新疆生产建设兵团卫生健康委（卫生计生委）：

为加强人体器官获取组织管理，建立完善人体器官获取组织质量管理与控制体系，规范人体器官获取工作，我委组织制定了《人体器官获取组织基本要求》和《人体器官获取组织质量控制指标》。现印发给你们，请遵照执行。

附件：1. 人体器官获取组织基本要求
2. 人体器官获取组织质量控制指标

国家卫生健康委办公厅
2019 年 2 月 26 日

附件 1

人体器官获取组织基本要求

医疗机构成立人体器官获取组织（以下简称 OPO），应当符合以下基本要求：

一、医疗机构基本要求

（一）设施和场地。医疗机构应当为 OPO 配备至少 4 个潜在捐献者维护单元，并达到 Ⅲ 级洁净辅助用房标准。每病床净使用面积不少于 15 平方米，能够满足潜在捐献者维护需求。有固定的 OPO 工作人员办公室、捐献者家属接待室、值班室。

（二）器械设备。医疗机构应当为 OPO 配备呼吸机、心电监护仪等重症监护设备，脑电图、体感诱发电位等神经电生理检查设备，便携式和床旁彩色多普勒超声，多功能心电监护仪，血流监测、中心供氧和中心吸引器，体外膜肺氧合（ECMO）设备，体外器官机械灌注设备，器官保存箱。器官获取器械、灌注液、保存液、药品、耗材，器官捐献者转运专用车辆以及信息报送和传输功能的计算机等设备。

（三）人体器官获取手术室。医疗机构应当为 OPO 配备洁净手术部，其建筑布局、基本配备、净化标准和用房分级等应当符合国家和行业强制性标准。设置有达到 Ⅰ 级洁净手术室标准的手术室。能够进行心、肺、脑抢救复苏，有氧气通道、麻醉机、除颤仪、吸引器等必要的急救设备和药品。

（四）其他科室技术能力。

医疗机构应当具备以下部门及技术能力：

（1）重症医学部门具备器官维护所需技术能力；

（2）临床检验部门能够配合开展潜在捐献者器官质量评估，进行相关血液检查；

（3）医学影像部门配备磁共振（MRI）、计算机 X 线断层摄影（CT）、超声设备和医学影像图像管理系统，具备评估潜在捐献者脏器及血管情况的能力；

（4）病理部门具备进行移植器官组织活检诊断和术中快速病理检查能力，能够满足随时进行病理检查工作的需要；

（5）临床科室具备配合开展器官捐献与获取工作的能力：神经内科、神经外科、重症医学科和急诊科具备心、脑死亡判定所需技术能力。

二、人员基本要求

（一）人员配备。医疗机构应当为 OPO 配备专职医师、护士、专业协调员、数据报送员。其中，中、高级专业技术任职资格的医师不少于 3 人；取得重症监护专业岗位培训证书的执业护士不少于 3 人；人体器官捐献协调员不少于 3 人，经中国人体器官捐献管理中心培训并取得证书开展相关工作；专职从事数据报送的人员不少于 1 人。

（二）从事人体器官获取的主刀医师应当具备以下条件：

1. 取得《医师执业证书》，执业类别为临床，执业范围为外科或儿科（小儿外科方向）。

2. 近 3 年未发生二级以上负完全责任或主要责任的医疗事故，无违反医疗卫生相关法律、法规、规章、伦理原则的行为。

3. 具有主治医师以上专业技术职务任职资格。

（三）脑死亡判定人员。医疗机构应当具备脑死亡判定能力的有关技术人员。其中，经培训合格的脑死亡判定临床评估医师不少于 5 人；脑电图评估、诱发电位评估和经颅多普勒评估医师或卫生技术人员均不少于 1 名。

（四）病理医师。医疗机构应当具备进行移植器官组织活检诊断和术中快速病理检查能力的病理医师，人员配备能够满足随时进行病理检查工作的需要。

三、技术管理基本要求

（一）伦理委员会。医疗机构设置有规范管理的人体器官移植技术临床应用与伦理委员会。

（二）管理制度。医疗机构成立的 OPO 应当独立于器官移植科室。同时有专门部门负责 OPO 管理，有健全的人体器官获取管理制度，按照人体器官捐献与获取基本流程进行标准操作，具备完整的质量管理记录。

（三）质量管理与控制。制定本单位获取器官质量控制标准并拥有与其配套的检测设备和检测方法。

（四）生物安全检测。按照器官获取质量控制标准对获取的器官进行严格的生物安全检测，包括肿瘤、病毒、细菌、真菌、支原体和内毒素等。

（五）数据报送。建立病例信息数据库并配备人员进行严格管理，完成每例潜在捐献者评估后以及每例人体器官获取后按规定及时保存病例数据信息。

四、其他

单独成立的具备独立法人的 OPO，可通过与其他医疗机构合作的方式，提供"医疗机构基本要求"中"其他科室技术能力"和"人员基本要求"中"脑死亡判定人员"、"病理医师"有关服务。

附件 2

人体器官获取组织质量控制指标

一、器官捐献转化率

定义：在人体器官获取组织（OPO）服务区域内，年度完成器官获取的器官捐献者数量占潜在捐献者总数的比例。

计算公式：

$$器官捐献转化率（\%）=\frac{年度获取捐献者数量}{同期潜在捐献者总数}\times100\%$$

意义：体现器官捐献和 OPO 器官获取工作能力。

二、平均器官产出率

定义：在 OPO 服务区域内，年度获取并完成移植的器官数量与器官捐献者总数的比例。

计算公式：

$$平均器官产出率=\frac{年度移植器官数量}{同期器官捐献者总数}$$

意义：体现器官捐献和 OPO 器官获取工作能力。

三、器官捐献分类占比

定义：脑死亡来源器官捐献者（DBD）、心脏死亡来源器官捐献者（DCD）、脑心双死亡来源器官捐献者（DBCD）数量分别占同期器官捐献者总数的比例。

计算公式：

$$（DBD/DCD/DBCD）占比（\%）=\frac{年度（DBD/DCD/DBCD）数量}{同期器官捐献者总数}\times100\%$$

意义：反映获取器官来源占比情况。

四、获取器官利用率

定义：器官获取后用于移植的器官数量占同期获取器官总数的比例。

计算公式：

$$获取器官利用率（\%）= \frac{用于移植的器官数量}{同期获取器官总数} \times 100\%$$

意义：评价 OPO 对器官捐献供者维护、器官质量评估及转化为合适移植器官的能力。

五、器官病理检查率

（一）捐献器官获取前活检率。

定义：捐献器官获取前对捐献器官进行活体组织病理检查的数量占同期获取器官的比例。

计算公式：

$$捐献器官获取前活检率（\%）= \frac{获取前活检器官数量}{同期获取器官总数} \times 100\%$$

意义：反映捐献器官获取前器官质量评估情况。

（二）捐献器官获取后活检率。

定义：捐献器官获取后移植前对捐献器官进行活体组织病理检查的数量占同期获取器官的比例。

计算公式：

$$捐献器官获取后活检率（\%）= \frac{获取后移植前活检器官数量}{同期获取器官总数} \times 100\%$$

意义：反映捐献器官获取后器官质量评估情况。

六、边缘供器官比率

定义：边缘供器官（定义和标准见备注）数量占同期获取器官总数的比例。

计算公式：

$$边缘供器官比率（\%）= \frac{边缘供器官数量}{同期获取器官总数} \times 100\%$$

意义：评估 OPO 产出器官质量。

七、器官保存液病原菌培养阳性率

定义：OPO 获取的器官其保存液中病原菌培养阳性者器官数占器官获取总例数的比例。

计算公式：

$$器官保存液病原菌阳性率（\%）= \frac{病原菌培养阳性者例数}{同期获取器官总例数} \times 100\%$$

意义：反映获取器官的安全性。

八、移植器官原发性无功能发生率（PNF 发生率）

定义：同年度捐献器官移植术后 PNF 并发症发生比例，包括总 PNF 发生率、DBD 来源器官 PNF 发生率、DCD 来源器官 PNF 发生率、DBCD 来源器官 PNF 发生率。

计算公式：

$$总 PNF 发生率（\%）= \frac{年度 PNF 病例数}{同期移植病例总数} \times 100\%$$

$$（DBD/DCD/DBCD）PNF 发生率（\%）= \frac{年度（DBD/DCD/DBCD）PNF 病例数}{同期（DBD/DCD/DBCD）移植病例总数} \times 100\%$$

意义：反映 OPO 器官维护、质量评估能力。

九、移植器官术后功能延迟性恢复发生率（DGF 发生率）

定义：同年度捐献器官移植术后 DGF 并发症发生比例，包括总 DGF 发生率、DBD 来源器官 DGF 发生率、DCD 来源器官 DGF 发生率、DBCD 来源器官 DGF 发生率。

计算公式：

$$总\,DGF\,发生率（\%）= \frac{年度\,DGF\,病例数}{同期移植病例总数} \times 100\%$$

$$（DBD/DCD/DBCD）\,DGF\,发生率（\%）= \frac{年度（DBD/DCD/DBCD）\,DGF\,病例数}{同期（DBD/DCD/DBCD）\,移植病例总数} \times 100\%$$

意义：反映 OPO 器官维护、质量评估能力。

备注：

边缘供器官定义及标准

边缘供器官是指移植后存在较高原发性移植物无功能或功能低下以及迟发性移植物失活风险的捐献器官。

（一）边缘供肝标准。具有下列特征之一的属于边缘供肝：

1. 年龄 >65 岁的捐献者肝脏；

2. 供肝大泡性脂肪变 >30% 或捐献者身体质量指数（BMI） >30kg/m^2；

3. 心脏死亡捐献者肝脏或脑心双死亡捐献者肝脏（功能性热缺血时间 >20 分钟），或供肝冷缺血时间 >12 小时；

4. 脑死亡供体中在重症监护病房所待时间 >7 天，且获取时有多器官功能不全，血清总胆红素、血清转氨酶持续高于正常 3 倍以上；

5. 血流动力学的危险因素，包括：长期的低血压（舒张压 <60mmHg，>2 小时），应用多巴胺 10μg/（kg·min），超过 6 小时以维持血压；或需要 2 种缩血管药物维持血压达 6 小时以上；

6. 血钠浓度始终高于 155mmol/L。

此外，ABO 血型不相容供肝、劈裂式供肝以及血清病毒学阳性、不能解释病死原因、患有肝外恶性疾病、活动性的细菌感染、高风险的生活方式等捐献肝脏也被纳入边缘供肝的范畴。

（二）边缘供肾标准。具有下列特征之一的属于边缘供肾：

1. 年龄 >60 岁，或年龄 50～60 岁且符合以下情况中的 2 项：（1）捐献前血清肌酐（Scr）水平 >1.5mg/dL；（2）有高血压病史，死于高血压脑卒中；

2. 年龄≤3 岁捐献肾脏，用于成人移植；

3. BMI >30kg/m^2；

4. 高血压蛋白尿 > +；

5. 糖尿病肾病 II 期以内；

6. 捐献肾脏热缺血时间 15～30 分钟、冷缺血时间 24 小时以上。

（三）边缘供心标准。具有下列特征之一的属于边缘供心：

1. 捐献者年龄大≥50 岁；

2. 捐献心脏冷缺血时间 >6 小时；

3. 器官捐献者与接受者体重比值 <0.8；

4. 器官捐献者与接受者血型相容但不一致；

5. 捐献者存在感染，但已经控制，血培养结果均为阴性，心脏直视检查无感染性心内膜炎；

6. 捐献心脏结构轻度异常，如左室壁轻度肥厚（ <14mm）、轻度瓣膜反流、易于矫治的先天性心脏病如卵圆孔未闭、冠脉动脉粥样硬化但无明显狭窄等；

7. 捐献心脏功能异常：经充分调整，左心室射血分数 <60%

但 >40%，存在室壁运动异常等；

8. 其他可能导致移植物衰竭的因素：心肌酶异常升高、捐献者正性肌力药物剂量大、心肺复苏时间长等。

（四）边缘供肺标准。具有下列特征之一的属于边缘供肺：

1. ABO 血型不同但相容；

2. 60 岁 < 年龄 < 70 岁；

3. 250mmHg < PaO_2 < 300mmHg（FiO_2 = 1.0，PEEP = 5cmH_2O）；

4. 胸片肺野内有少量到中等量的渗出影；

5. 器官捐献者与接受者匹配度较差但可以根据具体情况进行供肺减容或肺叶移植；

6. 胸部外伤但肺氧合满意；

7. 存在轻微的误吸或者脓毒症经治疗维护后改善；

8. 气道内存在脓性分泌物经治疗维护后改善；

9. 有痰标本细菌培养阳性，但排除泛耐药或者全耐药的细菌；

10. 多次维护评估后不合格的捐献肺脏获取后经离体肺灌注修复后达标；

11. 捐献肺脏冷缺血时间 >9 小时，原则上不超过 12 小时。

国家卫生健康委关于印发人体捐献器官
获取与分配管理规定的通知

国卫医发〔2019〕2号

各省、自治区、直辖市卫生健康委及新疆生产建设兵团卫生计生委：

为积极推进人体器官捐献与移植工作，进一步规范人体器官获取，完善人体器官获取与分配体系，推动人体器官捐献与移植事业健康、可持续发展，我委对《人体捐献器官获取与分配管理规定（试行）》（国卫医发〔2013〕11号）进行修订，形成了《人体捐献器官获取与分配管理规定》。现印发给你们，请遵照执行。

国家卫生健康委

2019 年 1 月 17 日

人体捐献器官获取与分配管理规定

第一章　总　　则

第一条　为积极推进人体器官捐献与移植工作，进一步规范人体器官获取，完善人体器官获取与分配体系，推动人体器官捐献与移植事业健康、可持续发展，依据《人体器官移植条例》等法规政策，结合工作实际，制定本规定。

第二条　本规定适用于公民逝世后捐献器官（以下简称捐献器官，包括器官段）的获取与分配。

第三条　本规定中人体器官获取组织（以下简称OPO）是指依托符合条件的医疗机构，由外科医师、神经内外科医师、重症医学科医师及护士、人体器官捐献协调员等组成的从事公民逝世后人体器官获取、修复、维护、保存和转运的医学专门组织或机构。

第四条　国家卫生健康委负责全国人体捐献器官获取与分配的监督管理工作。

县级以上卫生健康行政部门负责辖区内人体捐献器官获取与分配的监督管理工作。

第五条　医疗机构应当加强对所设OPO的日常管理，保障其规范运行。

第二章　捐献器官的获取

第六条　OPO获取捐献器官，应当在捐献者死亡后按照人体器官获取标准流程和技术规范实施。获取捐献器官种类和数量，应当与人体器官捐献知情同意书一致。

第七条 OPO 应当履行以下职责：

（一）对其服务范围内的潜在捐献者进行相关医学评估。

（二）获取器官前核查人体器官捐献知情同意书等合法性文件。

（三）维护捐献器官功能。捐献者死亡后，依据捐献者生前意愿或其配偶、成年子女、父母共同书面意愿获取相应捐献器官。

（四）将潜在捐献者、捐献者及其捐献器官的临床数据和合法性文件上传至中国人体器官分配与共享计算机系统（以下简称器官分配系统，网址：www.cot.org.cn）。

（五）使用器官分配系统启动捐献器官的自动分配。

（六）获取、保存、运送捐献器官，并按照器官分配系统的分配结果与获得该器官的人体器官移植等待者（以下简称等待者）所在的具备人体器官移植资质的医院（以下简称移植医院）进行捐献器官的交接确认。

（七）对捐献者遗体进行符合伦理原则的医学处理，并参与缅怀和慰问工作。

（八）保护捐献者、接受者和等待者的个人隐私，并保障其合法权益。

（九）组织开展其服务范围内医疗机构相关医务人员的专业培训，培训内容涉及潜在捐献者的甄别、抢救、器官功能维护等。开展学术交流和科学研究。

（十）配合本省份各级红十字会人体器官捐献管理机构做好人体器官捐献的宣传动员、协调见证、缅怀纪念等工作。

第八条 OPO 应当组建具备专门技术和能力要求的人体捐献器官获取团队，制定潜在捐献者识别与筛选医学标准，建立标准的人体捐献器官获取技术规范，配备专业人员和设备，以确保获取器官的质量。

第九条　医疗机构成立 OPO，应当符合省级卫生健康行政部门规划，并符合 OPO 基本条件和管理要求。

第十条　OPO 应当独立于人体器官移植科室。

第十一条　省级卫生健康行政部门应当根据覆盖全省、满足需要、唯一、就近的原则做好辖区内 OPO 设置规划，合理划分 OPO 服务区域，不得重叠。

第十二条　省级卫生健康行政部门应当根据 OPO 设置规划，在满足需要的前提下减少 OPO 设置数量，逐渐成立全省统一的 OPO。

第十三条　省级卫生健康行政部门应当将 OPO 名单及其服务区域及时报国家卫生健康委备案。变更 OPO 名单或服务区域，应当在变更后 5 个工作日内报国家卫生健康委备案。

第十四条　OPO 应当在省级卫生健康行政部门划定的服务区域内实施捐献器官的获取，严禁跨范围转运潜在捐献者、获取器官。

第十五条　OPO 进行潜在捐献者评估时，应当在器官分配系统中登记潜在捐献者信息及相关评估情况，保障潜在捐献者可溯源。

第十六条　OPO 应当建立捐献者病历并存档备查。捐献者病历至少包括：捐献者个人基本信息、捐献者评估记录、人体器官捐献知情同意书、死亡判定记录、OPO 所在医疗机构人体器官移植技术临床应用与伦理委员会审批材料、人体器官获取同意书、器官获取记录、获取器官质量评估记录、器官接收确认书等。转院的患者需提供首诊医院的出院记录。

第十七条　OPO 应当在红十字会人体器官捐献协调员现场见

证下获取捐献器官，不得在医疗机构以外实施捐献器官获取手术。捐献者所在医疗机构应当积极协助和配合OPO，为实施捐献器官获取手术提供手术室、器械药品、人员等保障。

第十八条 各级各类医疗机构及其医务人员应当积极支持人体器官捐献与移植工作，并参加相关培训。发现潜在捐献者时，应当主动向划定的OPO以及省级红十字会报告，禁止向其他机构、组织和个人转介潜在捐献者。

第十九条 省级卫生健康行政部门应当在OPO的配合下，依照《人体器官移植条例》的有关规定，积极与当地医疗服务价格管理部门沟通，核算人体器官捐献、获取、保存、分配、检验、运输、信息系统维护等成本，确定其收费标准。

第二十条 人体器官获取经费收支应当纳入OPO所在医疗机构统一管理。医疗机构应当根据人体器官获取工作特点，建立健全人体器官获取财务管理制度，规范人体器官获取有关经费收支管理。

第二十一条 OPO所在医疗机构应当向其服务区域内的捐献者所在医疗机构支付维护、获取捐献器官所消耗的医疗与人力等成本。移植医院接受捐献器官，应当向OPO所在医疗机构支付人体器官获取的相关费用。

第三章 人体捐献器官获取质量管理与控制

第二十二条 国家卫生健康委建立人体捐献器官获取质量管理与控制体系，发布人体捐献器官获取质量管理与控制标准，收集、分析全国人体捐献器官获取相关质量数据，开展OPO绩效评估、质量管理与控制等工作。

第二十三条 省级卫生健康行政部门应当收集、分析辖区内人体捐献器官获取相关质量数据，开展辖区内 OPO 绩效评估、质量管理与控制等工作。

第二十四条　OPO 组织或其所在医疗机构应当按照要求建立本单位人体器官获取质量管理与控制体系，对 OPO 工作过程进行全流程质量控制，包括建立标准流程、制定本单位人体器官获取技术要求，以及记录分析评估相关数据等。

第四章　捐献器官的分配

第二十五条　捐献器官的分配应当符合医疗需要，遵循公平、公正和公开的原则。

第二十六条　捐献器官必须通过器官分配系统进行分配，保证捐献器官可溯源。任何机构、组织和个人不得在器官分配系统外擅自分配捐献器官，不得干扰、阻碍器官分配。

第二十七条　移植医院应当将本院等待者的相关信息全部录入器官分配系统，建立等待名单并按照要求及时更新。

第二十八条　捐献器官按照人体器官分配与共享基本原则和核心政策的规定，逐级进行分配和共享。有条件的省份可以向国家卫生健康委提出实施辖区内统一等待名单的捐献器官分配。

第二十九条　OPO 应当按照要求填写捐献者及捐献器官有关信息，禁止伪造篡改捐献者数据。

第三十条　OPO 获取捐献器官后，经评估不可用于移植的，应当在分配系统中登记弃用器官病理检查报告结果，说明弃用原因及弃用后处理情况。

第三十一条　OPO 应当及时启动器官分配系统自动分配捐献器官。器官分配系统按照人体器官分配与共享基本原则和核心政策生成匹配名单，并向移植医院发送分配通知后，OPO 应当及时联系移植医院，确认其接收分配通知。

第三十二条 移植医院接到器官分配通知后，应当在 30 分钟内登陆器官分配系统查看捐献者和捐献器官的相关医学信息，并依据医学判断和等待者意愿在 60 分钟内作出接受或拒绝人体器官分配的决定并回复。拒绝接受人体器官分配的，应当在器官分配系统中说明理由。

第三十三条 OPO 应当按照器官分配结果将捐献器官转运至接受者所在移植医院，转运过程中应当携带器官接收确认书。到达移植医院后应当与移植医院确认并交接捐献器官的来源、类型、数量及接受者身份。

第三十四条 移植器官交接后，特殊原因致接受者无法进行移植手术的，移植医院应当立即通知 OPO，由 OPO 使用分配系统进行再分配。

第三十五条 移植医院应当严格执行分配结果，并在人体器官移植手术完成后，立即将接受者信息从等待者名单中移除。

第三十六条 为避免器官浪费，对于符合以下情形的捐献器官开辟特殊通道。OPO 可通过器官分配系统按照人体器官分配与共享基本原则和核心政策选择适宜的器官接受者，并按程序在器官分配系统中按照特殊情况进行登记。省级卫生健康行政部门应当加强对特殊通道的监督管理。

（一）因不可抗力导致捐献器官无法转运至分配目的地的；

（二）捐献器官已转运至分配目的地，但接受者无法进行移植手术，再分配转运耗时将超过器官保存时限的；

（三）器官分配耗时已接近器官保存时限的。

第三十七条 国家卫生健康委定期组织专家或委托专业机构对人体器官分配与共享基本原则和核心政策进行评估，必要时根据工作需要修订。

第五章 监督管理

第三十八条 省级卫生健康行政部门应当及时公布辖区内已经办理人体器官移植诊疗科目登记的医疗机构名单、OPO 名单及其相应的服务范围。

第三十九条 省级卫生健康行政部门应当按年度对全省各 OPO 工作进行评估，形成省级人体器官获取质量管理与控制报告。省级卫生健康行政部门应当根据 OPO 评估及质控结果对辖区内 OPO 服务区域进行动态调整。

第四十条 省级卫生健康行政部门应当加强器官分配管理，指导辖区内移植医院规范使用器官分配系统分配捐献器官，做好移植医院人体器官移植临床应用能力评估，将移植医院器官分配系统规范使用情况作为其人体器官移植临床应用能力评估的重要内容。

第四十一条 移植医院分配系统规范使用评估主要包括以下内容：

（一）等待者录入分配系统情况；

（二）接到器官分配通知后应答情况；

（三）有无伪造等待者医学数据的情形；

（四）器官分配结果执行情况；

（五）特殊通道使用是否规范；

（六）移植后将接受者信息从等待者名单中移除情况。

移植医院分配系统规范使用评估不合格的，应当进行整改，整改期间暂停器官分配。

第四十二条 医疗机构违反本规定的，视情节轻重，依照

《刑法》《人体器官移植条例》《医疗机构管理条例》等法律法规，由县级以上卫生健康行政部门给予警告、整改、暂停直至撤销人体器官移植诊疗科目登记的处罚。

医务人员违反本规定的，视情节轻重，依照《刑法》《执业医师法》《人体器官移植条例》等法律法规，由县级以上卫生健康行政部门依法给予处分、暂停执业活动、直至吊销医师执业证书的处罚。涉嫌犯罪的，移交司法机关追究刑事责任。

第六章　附　　则

第四十三条　本规定自 2019 年 3 月 1 日起施行，《人体捐献器官获取与分配管理规定（试行）》（国卫医发〔2013〕11 号）同时废止。

关于印发中国人体器官分配与共享
基本原则和核心政策的通知

国卫医发〔2018〕24号

各省、自治区、直辖市及新疆生产建设兵团卫生计生委：

　　为深入贯彻落实《人体器官移植条例》，进一步完善人体器官分配与共享政策，保障人体器官科学公正分配，维护人民群众健康权益，我委对《卫生部关于印发中国人体器官分配与共享基本原则和肝脏与肾脏移植核心政策的通知》（卫医管发〔2010〕113号）进行了修订，并制定了心脏、肺脏分配与共享核心政策，形成了《中国人体器官分配与共享基本原则和核心政策》（可从国家卫生健康委员会官网下载，以下简称《基本原则和核心政策》）。现印发给你们，请遵照执行。

　　各移植医院应当认真按照《基本原则和核心政策》，规范开展人体器官分配与移植工作。各级卫生健康行政部门要加强人体器官分配与移植工作监管，确保《基本原则和核心政策》真正落实。《基本原则和核心政策》自印发之日起施行，《卫生部关于印发中国人体器官分配与共享基本原则和肝脏与肾脏移植核心政策的通知》同时废止。

　　附件：1. 中国人体器官分配与共享基本原则

2. 肝脏分配与共享核心政策

3. 肾脏分配与共享核心政策

4. 心脏分配与共享核心政策

5. 肺脏分配与共享核心政策

国家卫生健康委员会

2018 年 7 月 12 日

附件1

中国人体器官分配与共享基本原则

一、总则

人体器官分配与共享应当符合医疗需要，遵循公平、公正和公开的原则。

二、基本原则

（一）人体器官分配与共享应当符合医疗的需要。

（二）移植医院应当根据医疗需要，为器官移植等待者（以下简称等待者）选择适宜的匹配器官。

（三）肝脏、肾脏按照移植医院等待名单、联合人体器官获取组织区域内的移植医院等待名单、省级等待名单、全国等待名单四个层级逐级进行分配与共享。心脏、肺脏按照移植医院等待名单、省级等待名单、相邻省份的省级等待名单、全国等待名单四个层级逐级进行分配与共享。

全省组建统一人体器官获取组织的，起始分配层级为省级等待名单。

（四）人体器官分配与共享过程中应当避免器官的浪费，最大限度地增加等待者接受移植手术的机会，提高器官分配效率。

（五）在确保尽量降低等待者死亡率的前提下，优化器官与等待者的匹配质量，提高移植受者的术后生存率和生存质量。

（六）保证器官分配与共享的公平性，减少因生理、病理和地理上的差异造成器官分布不均的情况。

（七）定期对人体器官分配与共享政策进行评估和适当修订。

（八）中国人体器官分配与共享计算机系统负责执行人体器官分配与共享政策，人体器官必须通过中国人体器官分配与共享计算机系统进行分配与共享。

三、实施目标

（一）降低等待者死亡率。

（二）提高器官移植受者的术后生存率。

（三）保障人体器官分配与共享的公平性。

（四）减少人体器官的浪费。

附件 2

肝脏分配与共享核心政策

一、数据收集

移植医院应当向中国人体器官分配与共享计算机系统（以下简称分配系统）报送肝脏移植等待者的有关医学信息及其在等待期间的病情变化情况。

二、肝脏移植等待名单

肝脏移植等待名单（以下简称等待名单）是指在未获得器官捐献者肝脏临床数据的情况下，分配系统按照排序规则，自动输出的一个有序的、等待肝脏移植手术的患者名单。排序规则包括：

（一）肝脏移植等待者医疗紧急度评分。肝脏移植等待者医疗紧急度评分是分配系统根据特定临床数据自动计算出的一个反映肝脏移植等待者当前病情的分值。肝脏移植等待者列入等待名单将获得一个医疗紧急度评分。医疗紧急度评分具有时效性，随着特定临床数据的变化而变化。移植医院应当在肝脏移植等待者病情变化或医疗紧急度评分有效期满前，及时更新相关医学数据。未更新的，将予以降分。

1. 超紧急状态评分。肝脏移植等待者符合超紧急状态（详见附录）的，获得最高级别医疗紧急度评分。超紧急状态评分有效期为 7 天。

移植医院应当在 7 天内更新分配系统中列入超紧急状态的肝脏移植等待者相关检查结果，确认该等待者是否仍处于超紧急状态。有效期满仍未更新的，将予以降分。

2. 终末期肝病模型/小儿终末期肝病模型评分。肝脏移植等待者不符合超紧急状态的，依据终末期肝病模型/小儿终末期肝病模型评分（以下简称为 MELD/PELD 评分，详见附录）进行排序。MELD 评分≥25 分、19—24 分、11—18 分、≤10 分，有效期分别为 7 天、1 个月、3 个月、12 个月。PELD 评分≥25 分、19—24 分、11—18 分、≤10 分，有效期分别为 14 天、1 个月、3 个月、12 个月。

移植医院应当在有效期内更新分配系统中肝脏移植等待者的相关检查结果，确保评分能够正确反映当前病情。有效期满仍未更新的，将予以降分。

3. MELD/PELD 特例评分。家族性淀粉样多神经病（FAP）、肝动脉血栓形成（HAT）、早期肝细胞肝癌（HCC）、无法手术切除具备移植指征的肝血管瘤、肝血管平滑肌瘤或多囊肝引起的严重腹胀、广泛肝内胆管结石、肝肺综合征（HPS）、儿童代谢性疾病、门脉性肺动脉高压、原发性高草酸尿症的肝脏移植等待者可申请 MELD/PELD 特例评分（详见附录）。MELD/PELD 特例评分有效期为 3 个月。

移植医院应当在 3 个月内更新分配系统中肝脏移植等待者的相关检查结果。有效期内及时更新的，将保持原评分或予以加分；有效期满仍未更新的，将取消 MELD/PELD 特例评分（详见附录）。

（二）肝脏移植等待时间。肝脏移植等待时间的计算应当与肝脏移植等待者医疗紧急度评分以及每个评分的停留时间相结合。

1. 超紧急状态等待时间。肝脏移植等待者符合超紧急状态的时间。

2. 非超紧急状态等待时间。非超紧急状态等待时间的计算公式如下：

肝脏移植等待者的等待时间＝当前 MELD/PELD 评分的累计等待时间＋比当前 MELD/PELD 评分分值高的 MELD/PELD 评分的累计等待时间。

（三）移除等待名单。肝脏移植等待者因死亡、已进行肝脏移植手术、病情变化以及个人因素等不再需要接受肝脏移植的，移植医院应当及时将该等待者移除等待名单。

三、肝脏移植匹配名单

肝脏移植匹配名单（以下简称匹配名单）是指结合器官捐献者肝脏的临床数据、肝脏移植等待者自身的医疗紧急度、肝脏移植等待者与器官捐献者肝脏的匹配程度等因素，由分配系统按照既定的规则，自动输出的一个有序名单。匹配名单排序的主要因素包括：

（一）医疗紧急度评分。

1. 符合超紧急状态的肝脏移植等待者在全国分配层级优先分配。

2. 不符合超紧急状态的肝脏移植等待者根据地理因素，按照 MELD/PELD 评分得到的分数从高分到低分进行排列。

（二）地理因素。按照器官捐献者与肝脏移植等待者的相对地理位置进行器官匹配。分为移植医院、组建联合人体器官获取组织（以下简称 OPO）的移植医院、省（区、市）和全国四个层级的移植等待者名单逐级扩大分配区域，直到匹配到合适的等待者。

（三）年龄因素。12 岁以下的儿童捐献者的肝脏优先分配给 12 岁以下的儿童肝脏移植等待者。

（四）血型匹配。肝脏移植等待者与器官捐献者的 ABO 血型应当相同或相容。对于与器官捐献者 ABO 血型不相容的肝脏匹配，仅限于超紧急状态或 MELD/PELD 评分 ≥ 30 分的肝脏移植等待者。

（五）公民逝世后器官捐献。为鼓励公民逝世后器官捐献，同一分配层级内符合以下条件的肝脏移植等待者，在排序时将获得优先权。

1. 公民逝世后器官捐献者的直系亲属、配偶、三代以内旁系血亲。

2. 登记成为中国人体器官捐献志愿者 3 年以上。

（六）活体肝脏捐献。

活体肝脏捐献者需要进行肝脏移植手术治疗的，在排序时将获得优先权。

（七）肝脏移植等待时间。在同一分配层级内、医疗紧急度评分相同的肝脏移植等待者，根据等待时间与血型匹配的综合得分进行排序。

四、等待者暂时冻结

肝脏移植等待者因故暂时不适合接受肝脏移植的，移植医院应当在分配系统中将该等待者暂时冻结，不再参与肝脏匹配。具备条件时，可由移植医院解除暂时冻结状态。

五、附录

（一）成人（≥ 18 岁）肝脏移植等待者超紧急状态。

出现以下任何一种情况，如不接受肝脏移植手术，预期寿命小于 7 天的成人肝脏移植等待者将被列为超紧急状态。

1. 暴发性肝衰竭。成人肝脏移植等待者首发肝病症状的 8 周内出现肝性脑病，已在重症监护病房（ICU）接受治疗，并且至少满足以下条件中的任意一项：

（1）呼吸机依赖。

（2）需要接受透析、连续性静脉－静脉血液滤过（CVVH）或连续性静脉－静脉血液透析（CVVD）。

（3）国际标准化比率（INR）>2.0。

2. 急性失代偿性肝豆状核变性。

3. 原发性移植肝无功能。肝脏移植术后 7 天内同一血液样本的实验室检验结果中，天门冬氨酸氨基转移酶（AST）≥3000 U/L，并且至少满足以下条件中的任意一项：

（1）INR≥2.5。

（2）动脉血酸碱度（pH）≤7.30。

（3）静脉血 pH≤7.25。

（4）乳酸≥4 mmol/L。

4. 无肝等待者。

5. 肝动脉血栓形成（HAT）在肝脏移植后 7 天内出现，AST≥3000U/L，并且至少满足以下条件中的任意一项：

（1）INR≥2.5。

（2）动脉血 PH≤7.30。

（3）静脉血 PH≤7.25。

（4）乳酸≥4 mmol/L。

（二）<18 岁的肝脏移植等待者超紧急状态。

出现以下任何一种情况的<18 岁的肝脏移植等待者，将被列为超紧急状态。

1. 暴发性肝衰竭。<18 岁的肝脏移植等待者首发肝病症状的 8 周内出现肝性脑病，已在重症监护病房（ICU）接受治疗，并且至少满足以下条件中的任意一项：

（1）呼吸机依赖。

（2）需要接受透析、连续性静脉－静脉血液滤过（CVVH）或连续性静脉－静脉血液透析（CVVD）。

（3）INR＞2.0。

2. 急性失代偿性肝豆状核变性。

3. 原发性移植肝无功能。肝脏移植物术后 7 天内同一血液样本的实验室检验结果至少满足以下条件中任意两项：

（1）丙氨酸氨基转移酶（ALT）≥2000 U/L。

（2）INR≥2.5。

（3）总胆红素（TBIL）≥10 mg/dl。

（4）酸中毒（动脉血 pH≤7.30、静脉血 pH≤7.25 或乳酸≥4 mmol/L）。

4. 肝动脉血栓形成。肝脏移植术后 14 天内出现移植肝动脉血栓形成。

（三）MELD/PELD 评分。MELD/PELD 评分是目前在国际上能够准确预测终末期肝病患者死亡率的医学指标。分配系统根据评分公式和相关检查结果自动计算肝脏移植等待者 MELD/PELD 评分。

1. MELD 评分。MELD 评分适用于≥12 岁的肝脏移植等待者，MELD 评分最高总分值为 40 分。MELD 评分公式为：

MELD 评分 = 0.957 × Loge 血清肌酐值（mg/dL）＋ 0.378 × Loge 血清胆红素值（mg/dL）＋ 1.120 × Loge 国际标准化比率（INR）＋ 0.643

2. PELD 评分。PELD 评分适用于＜12 岁的肝脏移植等待者。PELD 评分公式为：

PELD 评分 = 0.436（年龄＜1 岁）－ 0.687 × Loge 血清白蛋白

值（g/dL） +0.480×Loge 血清总胆红素值（mg/dL） +1.857×
Loge 国际标准化比率（INR） +0.667（生长障碍）

（四）MELD/PELD 特例评分。为弥补 MELD/PELD 评分系统
局限性，合理地反映某些患者需要接受肝脏移植的紧急程度，建
立 MELD/PELD 特例评分机制。如果同时成功申请 MELD/PELD 评
分和一个或多个特例评分，将使用状态评分最高的分值作为等待
者当前的状态评分。MELD/PELD 特例评分包括以下 9 种情况：

1. 早期肝细胞肝癌（HCC）特例评分。申请 HCC 特例评分的
肝脏移植等待者，应当进行血清甲胎蛋白（AFP）水平检测、肝脏
超声检查、腹部 CT 或 MRI 检查以及胸部 CT 检查。对于影像学结
果显示有肿瘤存在的 HCC 特例评分申请者，必须同时符合以下
2 点：

（1）单发肿瘤直径在 2－5cm，或多发肿瘤不多于 3 个病灶且
最大病灶直径≤3cm。肿瘤直径应当按照最大直径报告。

（2）无肿瘤肝外转移或累及大血管（门静脉或肝静脉）的
情况。

申请 HCC 特例评分成功的，获得 MELD 评分 22 分（≥12 岁
的肝脏移植等待者）或 PELD 评分 32 分（＜12 岁的肝脏移植等待
者），每 3 个月应当进行一次 HCC 特例评分续期。续期成功的，在
原有 MELD/PELD 评分的基础上额外增加 10% 的 MELD/PELD 评
分；续期不成功的，取消之前所申请的 HCC 特例评分。

2. 家族性淀粉样多神经病（FAP）特例评分。申请 FAP 特例
评分的肝脏移植等待者，必须满足以下所有条件：

（1）明确诊断为 FAP。

（2）超声心动示射血分数（EF）值＞40%。

（3）非卧床状态。

（4）甲状腺素转运蛋白（TTR）基因突变。

（5）病理活检示累及器官淀粉样变。

申请 FAP 特例评分成功的，获得 MELD 评分 22 分（≥12 岁的肝脏移植等待者）或 PELD 评分 28 分（<12 岁的肝脏移植等待者），每 3 个月应当进行一次 FAP 特例评分续期。续期成功的，在原有 MELD/PELD 评分的基础上额外增加 10% 的 MELD/ PELD 评分；续期不成功的，取消之前所申请的 FAP 特例评分。

3. 肝动脉血栓形成（HAT）特例评分。

肝脏移植术后 14 天内出现肝动脉血栓但不符合超紧急状态的肝脏移植等待者，获得 MELD 评分 40 分。

申请 HAT 特例评分成功的，每 3 个月应当进行一次 HAT 特例评分续期。续期成功的，继续保持原有的 HAT 特例评分；续期不成功的，取消之前所申请的 HAT 特例评分。

4. 无法手术切除具备移植指征的肝血管瘤特例评分。

患有无法手术切除，具备移植指征的肝血管瘤的肝脏移植等待者，获得 MELD 评分 22 分（≥12 岁的肝脏移植等待者）或 PELD 评分 32 分（<12 岁的肝脏移植等待者）。

申请肝血管瘤特例评分成功的，每 3 个月应当进行一次特例评分续期。续期成功的，在原有 MELD/PELD 评分的基础上额外增加 10% 的 MELD/PELD 评分；续期不成功的，取消之前所申请的特例评分。

5. 肝血管平滑肌瘤或多囊肝引起严重腹胀以及广泛肝内胆管结石的特例评分。

患有肝血管平滑肌瘤或多囊肝引起严重腹胀以及广泛肝内胆管结石的患者，获得 MELD 评分 22 分（≥12 岁的肝脏移植等待者）或 PELD 评分 32 分（<12 岁的肝脏移植等待者）。

申请此特例评分成功的，每 3 个月应当进行一次特例评分续期。续期成功的，在原有 MELD/PELD 评分的基础上额外增加 10% 的 MELD/PELD 评分；续期不成功的，取消之前所申请的特例评分。

6. 肝肺综合征（HPS）特例评分。申请 HPS 特例评分的肝脏移植等待者应当满足以下所有条件：

（1）有门脉高压的临床证据。

（2）有分流的临床证据。

（3）非吸氧状态下，PaO2 小于 60mmHg。

（4）无潜在原发性肺疾病的临床证据。

申请 HPS 特例评分成功的，获得 MELD 评分 22 分（≥12 岁的肝脏移植等待者）或 PELD 评分 28 分（＜12 岁的肝脏移植等待者），每 3 个月必须进行一次 HPS 特例评分续期。续期成功的，若 PaO2 持续 ＜60mmHg，可以在原有 MELD/PELD 评分的基础上额外增加 10% 的 MELD/PELD 评分；续期不成功的，取消之前所申请的 HPS 特例评分。

7. 儿童（＜18 岁）代谢性疾病的特例评分。

尿素循环障碍或有机酸血症的需要肝脏移植的儿童等待者，获得 MELD 评分（≥12 岁的肝脏移植等待者）或 PELD 评分（＜12 岁的肝脏移植等待者）30 分。

申请儿童代谢性疾病特例评分成功的，每 3 个月应当进行一次特例评分续期。续期成功的，继续保持原有的儿童代谢性疾病特例评分；续期不成功的，将取消之前所申请的特例评分。

8. 门脉性肺动脉高压特例评分。申请门脉性肺动脉高压特例评分的肝脏移植等待者应当满足以下条件：

（1）提供初始平均肺动脉压（MPAP）的数值。

（2）提供初始肺血管阻力（PVR）的数值。

（3）提供用于校正容量过负荷的初始跨肺压的数值。

（4）提供治疗情况说明。

（5）治疗后 MPAP < 35mmHg。

（6）治疗后 PVR < 400dynes/sec/cm − 5。

申请门脉性肺动脉高压特例评分成功的，获得 MELD 评分 22 分（≥12 岁的肝脏移植等待者）或 PELD 评分 28 分（<12 岁的肝脏移植等待者），每 3 个月必须进行一次门脉性肺动脉高压特例评分续期。续期成功的，若多次心导管检查示 MPAP 持续 < 35mmHg，在原有 MELD/PELD 评分的基础上额外增加 10% 的 MELD/PELD 评分；续期不成功的，取消之前所申请的门脉性肺动脉高压特例评分。

9. 原发性高草酸尿症。申请原发性高草酸尿症特例评分的肝脏移植等待者应当满足以下条件：

（1）已在分配系统中注册为肝 − 肾联合移植。

（2）肝脏活检或基因检测提示丙氨酸乙醛酸转氨酶（AGT）缺陷。

（3）通过修正的饮食肾脏病公式（MDRD6）计算或直接测量碘酞酸盐或碘海醇得到的肾小球滤过率（GFR）≤25ml/min 持续时间达 42 天或以上。

申请原发性高草酸尿症特例评分成功的，获得 MELD 评分 28 分（≥12 岁肝脏移植等待者）或 PELD 评分 41 分（<12 岁以下肝脏移植等待者），每 3 个月应当进行一次特例评分续期。续期成功的，在原有 MELD/PELD 评分的基础上额外增加 10% 的 MELD/PELD 评分；续期不成功的，取消之前所申请的原发性高草酸尿症特例评分。

附件 3

肾脏分配与共享核心政策

一、数据收集

移植医院应当向中国人体器官分配与共享计算机系统（以下简称分配系统）报送肾脏移植等待者的有关医学信息及其在等待期间的病情变化情况。

二、肾脏移植等待名单

肾脏移植等待名单（以下简称等待名单）是指在未获得器官捐献者肾脏临床数据的情况下，分配系统按照排序规则，自动输出的一个有序的、等待肾脏移植手术的患者名单。肾脏移植等待者的排序以等待时间为主要排序指标。

（一）肾脏移植等待时间。为了能够真实、客观地反映肾脏移植等待者真正等待肾脏移植的时间，等待时间计算时应当结合肾脏移植等待者接受透析治疗的起始时间。

1. ≥18 岁肾脏移植等待者的等待时间计算。未接受透析治疗的≥18 岁的肾脏移植等待者，其等待起始时间应当为该等待者接受透析治疗的起始时间；已接受透析治疗的，等待起始时间为加入肾脏移植等待名单的时间。

2. <18 岁肾脏移植等待者的等待时间计算。<18 岁的肾脏移植等待者的等待起始时间为加入肾脏移植等待名单的时间。

（二）移除等待名单。肾脏移植等待者因死亡、已进行肾脏移植手术、病情变化以及个人因素等不再需要接受肾脏移植的，移植医院应当及时将该等待者移除等待名单。

三、肾脏移植匹配名单

肾脏移植匹配名单（以下简称匹配名单）是指结合器官捐献者肾脏的临床数据、肾脏移植等待者的自身情况和其他匹配因素，由分配系统按照既定的规则，自动输出的一个有序名单。匹配名单排序的主要因素包括：

（一）地理因素。按照器官捐献者与肾脏移植等待者的相对地理位置进行器官匹配。分为移植医院、组建联合 OPO 的移植医院、省（区、市）和全国四个层级的移植等待者名单逐级扩大分配区域，直到匹配到合适的等待者。

（二）血型匹配。肾脏移植等待者与器官捐献者 ABO 血型应当相同或相容，方可进行肾脏的器官匹配。

（三）等待者评分。肾脏移植等待者评分系统用于同一分配层级内肾脏移植等待者的排序。该评分系统由等待时间得分、器官捐献者亲属优先权、等待者致敏度、人类白细胞抗原（HLA）配型匹配度、儿童等待者优先权组成。

1. 等待时间得分。肾脏移植等待时间得分较高的肾脏移植等待者优先。

2. 公民逝世后器官捐献。为鼓励公民逝世后器官捐献，同一分配层级内符合以下条件的肾脏移植等待者，在排序时将获得优先权。

（1）公民逝世后器官捐献者的直系亲属、配偶、三代以内旁系血亲。

（2）登记成为中国人体器官捐献志愿者 3 年以上。

3. 活体肾脏捐献。

活体肾脏捐献者需要进行肾脏移植手术治疗的，在排序时将获得优先权。

4. 高致敏等待者优先。给予群体反应性抗体（PRA）≥80%的高致敏肾脏移植等待者一定的优先权，使此类患者有更大的几率接受移植。

5. HLA 配型匹配度较高的肾脏移植等待者优先。给予抗原无错配或 HLA 配型匹配度较高的肾脏移植等待者一定的优先权，提高肾脏移植术后生存率。

6. <18 岁的肾脏移植等待者优先。肾脏疾病和透析治疗对少年儿童正常的生长发育带来了严重的不良影响，应当尽早进行肾脏移植手术。因此，给予 <18 岁的肾脏移植等待者优先权。年龄划分如下：

（1） <2 岁捐献者的肾脏优先分配给 <5 岁肾脏移植等待者，其次分配给 ≥5 岁且 <18 岁肾脏移植等待者。

（2） ≥2 岁且 <7 岁捐献者的肾脏优先分配给 <14 岁肾脏移植等待者，其次分配给 ≥14 岁且 <18 岁肾脏移植等待者。

（3） ≥7 岁且 <18 岁捐献者的肾脏优先分配给 <18 岁肾脏移植等待者。

四、等待者暂时冻结

肾脏移植等待者因故暂时不适合接受肾脏移植的，移植医院应当在分配系统中将该等待者暂时冻结，不再参与肾脏匹配。具备条件时，可由移植医院解除暂时冻结状态。

五、附录

抗原无错配是指等待者的 ABO 血型与器官捐献者的血型相同或相容，且 6 个 HLA－A，B 和 DR 抗原均相同的配型。如器官捐献者 HLA 位点（A、B 或 DR）为纯合子，等待者相应位点的 2 个抗原中包含该抗原，则该位点也视为抗原无错配。

附件 4

心脏分配与共享核心政策

一、数据收集

移植医院应当向中国人体器官分配与共享计算机系统（以下简称分配系统）报送心脏移植等待者的有关医学信息及其在等待期间的病情变化情况。

二、心脏移植等待名单

心脏移植等待名单（以下简称等待名单）是指在未获得器官捐献者心脏临床数据的情况下，分配系统按照排序规则，自动输出的一个有序的、等待心脏移植手术的患者名单。排序规则包括：

（一）心脏移植等待者医疗紧急度评分。心脏移植等待者医疗紧急度评分是分配系统根据特定临床数据自动计算出的反映心脏移植等待者当前病情状态的分值。心脏移植等待者列入等待名单后将获得一个医疗紧急度评分。医疗紧急度的最高级别为紧急状态，其次是一般状态（详见附录）。

心脏移植等待者医疗紧急度评分有效期为 14 天。移植医院应当在心脏移植等待者病情变化或医疗紧急度评分有效期内及时更新相关医学数据。紧急状态等待者有效期满仍未更新的，将降为一般状态。

（二）心脏移植等待时间。心脏移植等待时间的计算应当与心脏移植等待者医疗紧急度以及每个紧急度级别的停留时间相结合。计算公式如下：

心脏移植等待时间 = 当前医疗紧急度评分的累计等待时间 +

比当前医疗紧急度高的医疗紧急度评分的累计等待时间。

（三）移除等待名单。心脏移植等待者因死亡、已进行心脏移植手术、病情变化以及个人因素等不再需要接受心脏移植的，移植医院应当及时将该等待者移除等待名单。

三、心脏移植匹配名单

心脏移植匹配名单（以下简称匹配名单）是指结合器官捐献者心脏的临床数据、心脏移植等待者自身的医疗紧急度、等待时间、心脏移植等待者与器官捐献者心脏的匹配程度等因素，由分配系统按照既定的规则，自动输出的一个有序名单。匹配名单排序的主要因素包括：

（一）医疗紧急度评分。

1. 符合紧急状态的心脏移植等待者在全国分配层级优先分配。

2. 不符合紧急状态的心脏移植等待者根据地理因素进行排序。

（二）地理因素。按照器官捐献者与心脏移植等待者的相对地理位置进行器官匹配。分为移植医院、省级、相邻省份的省级、全国四个层级的等待名单逐级扩大分配区域，直到匹配到合适的等待者。

（三）年龄因素。<18 岁的捐献者，其捐献的心脏优先分配给 <18 岁的等待者。

（四）血型匹配。

1. 心脏移植等待者与器官捐献者 ABO 血型原则上应当相同或相容。

2. 血型不相容的心脏匹配，仅限于以下 2 种情况之一：

（1）<1 岁等待者，且医疗状态为紧急状态。

（2）≥1 岁等待者，但在 <2 岁时已被列入本院等待名单，医

疗状态为紧急状态，且抗 A 和（或）抗 B 同种血细胞凝集素滴定度≤1∶4（30 天内未接受任何把抗 A 和/或抗 B 同种血细胞凝集素滴定度降低至≤1∶4 的治疗）。

移植医院应当在 30 天内更新等待者相关检查结果。有效期满仍未更新的，将取消血型不相容的心脏匹配。同时，应当将该等待者心脏移植术前/术后的临床信息上传至分配系统以备核查。

3. 根据供受者血型匹配情况，优先分配给与捐献者 ABO 血型相同的等待者，其次是 ABO 血型相容的等待者，然后是符合上述血型不相容情况的等待者。

（五）公民逝世后器官捐献。为鼓励公民逝世后器官捐献，同一分配层级内符合以下条件的心脏等待者，在排序时将获得优先权。

1. 公民逝世后器官捐献者的直系亲属、配偶、三代以内旁系血亲。

2. 登记成为器官捐献志愿者 3 年以上。

（六）心脏移植等待时间。在同一分配层级内其他匹配因素相同的心脏移植等待者中，等待时间较长的等待者优先获取器官分配。

（七）捐献者接受原则。移植医院可以依据合理的临床医学判断及心脏移植等待者个人临床状态，为本院心脏移植等待名单中的每位心脏移植等待者设定适合的捐献者接受原则。

（八）心脏分配特例情况。群体反应性抗体（PRA）＞30% 的高致敏心脏移植等待者，当出现与其人类白细胞抗原（HLA）无错配的捐献者，获得优先匹配权。

（九）心肺联合器官移植。为更合理的利用器官，器官捐献者捐献的心脏、肺脏优先单独分配。心肺联合移植等待者已获得其中一个器官的预分配，在同一捐献者的另一器官没有成功分配至其他等待者时，可分配给该等待者。

心肺联合器官移植等待者等待时间的计算为该等待者应用呼吸机的时长。

四、等待者暂时冻结

心脏移植等待者因故暂时不适合接受心脏移植的，移植医院应当在分配系统中将该等待者暂时冻结，不再参与心脏匹配。具备条件时，可由移植医院解除暂时冻结状态。

五、附录

心脏移植等待者医疗紧急度的最高级别为紧急状态，其次是一般状态。

（一）成人心脏移植等待者紧急状态。

成人（≥18 岁）心脏移植等待者紧急状态，应当至少满足下列条件之一：

1. 因血液动力学失代偿，至少使用下列器械中的一种维持循环功能：

（1）植入左心室和/或右心室辅助装置。

（2）全人工心脏（total artificial heart），且入院治疗。

（3）主动脉内气囊泵（intra – aortic balloon pump）超过两周，且入院治疗。

（4）体外膜肺氧合系统（ECMO），且入院治疗。

2. 因使用维护循环功能器械而产生的严重器械相关并发症，包括血栓、器械感染、机械故障或危及生命的室性心律失常等。

3. 机械通气依赖，且入院治疗。

（二）成人心脏移植等待者一般状态。成人（≥18岁）等待名单中未被列入紧急状态的其他成人心脏移植等待者为一般状态。处于暂时冻结状态的除外。

（三）未成年人心脏移植等待者紧急状态。未成年人（<18岁）等待者紧急状态，应当至少满足下列条件之一：

1. 呼吸机支持。

2. 机械辅助设备（如体外膜肺 ECMO）支持。

3. <6个月的等待者，罹患先天性或后天性心脏病，反应性肺动脉高压超过循环动脉压的50%。

4. 不符合上述1、2 或 3 条件，但由于顽固性心律失常等原因，等待者不接受心脏移植的预期寿命可能小于 2 周。

以此项条件申请紧急状态时，移植医院应当同时提供等待者主管医生的诊断依据及科室的讨论结论，并需将附有医院盖章或主管医生签章的诊断报告上传至分配系统以备核查。

5. 有生长障碍。根据 WHO 儿童生长标准，体重和/或身高低于正常儿童体重和/或身高标准 3 个百分位数，或偏离预期生长（身高/体重）的 2 倍标准偏差的儿童。

6. 年龄小于 6 个月，且不符合 1—5 条件的。符合本条件获得紧急状态资格的，有效期至等待者年满 6 个月。

（四）未成年人心脏移植等待者一般状态。未成年人（<18岁）等待名单中未被列入紧急状态的其他等待者为一般状态。处于暂时冻结状态的除外。

附件 5

肺脏分配与共享核心政策

一、数据收集

移植医院应当向中国人体器官分配与共享计算机系统（以下简称分配系统）报送肺脏移植等待者的有关医学信息及其在等待期间的病情变化情况。

二、肺脏移植等待名单

肺脏移植等待名单（以下简称等待名单）是指在未获得器官捐献者肺脏临床数据的情况下，分配系统按照排序规则，自动输出的一个有序的、等待肺脏移植手术的患者名单。排序规则包括：

（一）肺脏移植等待者医疗紧急度评分。肺脏移植等待者医疗紧急度评分是分配系统根据特定临床数据自动计算出的反映肺脏移植等待者当前病情状态的分值。肺脏移植等待者列入等待名单后将获得一个医疗紧急度评分。

1. ≥12 岁的肺脏移植等待者使用肺脏分配评分（Lung Allocation Score，LAS）衡量其医疗紧急度，分数越高医疗状态越紧急。LAS 评分计算方法见附录。

LAS 评分有效期为 6 个月。移植医院应当在肺脏移植等待者病情变化或医疗紧急度评分有效期内及时更新相关医学数据。有效期满仍未更新的，将重新计算 LAS 评分。

2. <12 岁的肺脏移植等待者加入等待名单时医疗紧急度分为紧急状态和一般状态（详见附录）。

紧急状态有效期为 3 个月，移植医院应当在紧急状态有效期内及时更新肺脏移植等待者信息。有效期满仍未更新的，自动变更为一般状态。

3. 如肺脏移植等待者加入等待名单时＜12岁，一直在等待名单中等待，当该等待者≥12岁时，先按照原有的医疗紧急度评分进行排序，直至当前的医疗紧急度过期，然后按照 LAS 评分计算。

（二）肺脏移植等待时间。肺脏移植等待时间的计算应当与肺脏移植等待者医疗紧急度评分以及每个评分的停留时间相结合。

肺脏移植等待者的等待时间从等待者被列入等待者名单起计算，结合医疗紧急度变化，等待时间计算如下：

1. 使用 LAS 评分的肺脏移植等待者（≥12岁），等待时间从列入等待名单的日期时间开始计算，在等待名单上列为暂时冻结状态的等待时间不予以累计。

2. 医疗紧急度为紧急状态的肺脏移植等待者（＜12岁），等待时间从列入等待名单的日期时间开始计算，等待时间仅计算本次紧急状态的停留时长（不累计一般状态时的等待时间）。

3. 医疗紧急度为一般状态的肺脏移植等待者（＜12岁），等待时间从列入等待名单的日期时间开始计算，等待时间是等待者处于紧急状态、一般状态和暂时冻结状态时间之和。

（三）移除等待名单。肺脏移植等待者因死亡、已进行肺脏移植手术、病情变化以及个人因素等不再需要接受肺脏移植的，移植医院应当及时将该等待者移除等待名单。

三、肺脏移植匹配名单

肺脏移植匹配名单（以下简称匹配名单）是指结合器官捐献者肺脏的临床数据、肺脏移植等待者自身的医疗紧急度、等待时间、肺脏移植等待者与器官捐献者肺脏的匹配程度等因素，由分配系统按照既定的规则，自动输出的一个有序名单。匹配名单排序的主要因素包括：

（一）地理因素。按照器官捐献者与肺脏移植等待者的相对地理位置进行器官匹配。分为移植医院等待名单、省级等待名单、相邻省份的省级等待名单、全国等待名单四个层级逐级扩大分配区域，直到匹配到合适的等待者。

（二）医疗紧急度评分。同一分配层级的肺脏移植等待者按照不同的医疗紧急程度进行排序。＜12 岁的等待者使用医疗紧急度的排序，从紧急状态到一般状态排序；≥12 岁的等待者使用 LAS 评分排序，评分从高到低排序。

（三）年龄因素。儿童捐献者（＜12 岁）的肺脏优先分配给儿童等待者（＜12 岁）；青少年捐献者（≥12 岁且＜18 岁）的肺脏优先分配给青少年等待者（≥12 岁且＜18 岁）；成人捐献者（≥18 岁）的肺脏优先分配给≥12 岁的等待者。

（四）血型匹配。肺脏移植等待者与器官捐献者 ABO 血型应当相同或相容。同一分配层级及同医疗紧急度状态下，肺脏优先分配给 ABO 血型相同的肺脏移植等待者，其次是 ABO 血型相容的肺脏移植等待者。血型不相容的肺脏移植等待者不参与肺脏匹配。

（五）肺脏移植等待时间。在其他匹配因素相同的肺脏移植等待者中，等待时间较长的优先获得器官分配。

（六）公民逝世后器官捐献。为鼓励公民逝世后器官捐献，同一分配层级内符合以下条件的肺脏移植等待者，在排序时将获得优先权。

1. 公民逝世后器官捐献者的直系亲属、配偶、三代以内旁系血亲；

2. 登记成为器官捐献志愿者 3 年以上；

（七）捐献者接受原则。移植医院可以依据合理的临床医学判断及肺脏移植等待者个人临床状态，为本院等待名单中的每位肺脏移植等待者设定适合的捐献者接受原则。

（八）心肺联合器官移植。为更合理地利用器官，器官捐献者捐献的心脏、肺脏优先单独分配。心肺联合移植等待者已获得其中一个器官的预分配，在同一捐献者的另一器官没有成功分配至其他等待者时，可分配给该等待者。

心肺联合器官移植等待者等待时间的计算为该等待者应用呼吸机的时长。

四、等待者暂时冻结

肺脏移植等待者因故暂时不适合接受肺脏移植的，移植医院应当在分配系统中将该等待者暂时冻结，不再参与肺脏匹配。具备条件时，可由移植医院解除暂时冻结状态。

五、附录

（一）肺脏移植医疗紧急度定义和计算方法。

1. ≥12 岁肺脏移植等待者的医疗紧急度评分。等待者年龄为≥12 岁时，使用 LAS 评分评估其医疗紧急度。LAS 评分计算的步骤如下：

（1）计算移植预估受益天数。移植预估受益天数＝术后预估存活天数（肺脏移植等待者移植手术后一年内的预期存活天数）－等待名单预估存活天数（肺脏移植等待者未接受移植手术一年内的预期存活天数）

（2）计算原始 LAS 评分。原始 LAS 评分＝移植预估受益天数－等待名单预估存活天数

（3）计算 LAS 评分。通过比例风险回归模型（Cox 模型）对原始 LAS 评分进行标准化处理，LAS 评分最小值为 0，最大值为 100。

2. <12 岁的肺脏移植等待者紧急状态。<12 岁的肺脏移植等待者，诊断为呼吸衰竭，PaO2 <60mmHg 或 PaCO2 >50mmHg，并且满足下列条件之一的列为紧急状态。

（1）需要使用呼吸机辅助呼吸；

（2）需要人工心肺支持（如 ECMO 应用）。

3. <12 岁的肺脏移植等待者一般状态。未能列为紧急状态的 <12 岁肺脏移植等待者属于一般状态。

（二）参与 LAS 评分计算的参数。

序号	参数名	各参数缺失和过期情况下在 LAS 评分中使用的参数值	有效期
1	年龄（周岁）	必填。	
2	诊断	必填。	
3	胆红素（mg/dL）	如当前值缺失、过期或小于 0.7mg/dL，将赋值 0.7mg/dL。	6 个月
4	BMI（kg/m^2）	如当前值缺失或过期，将赋值 BMI = 100kg/m^2。	身高体重分别 6 个月更新一次
5	心脏指数	如当前值缺失，将赋值 3.0 L/min/m^2。	长期
6	静息时测量的中央静脉压 CVP	如当前值缺失或小于 5mmHg，将赋值 5mmHg。	长期
7	持续性机械通气辅助	在等待名单预估存活天数模型里，如该值缺失或过期，将赋值等待者未使用持续性机械通气辅助；在术后一年预估存活天数模型里，如该值缺失或过期，将赋值等待者有使用持续性机械通气辅助。	6 个月

序号	参数名	各参数缺失和过期情况下在 LAS 评分中使用的参数值	有效期
8	血清肌酐（mg/dL）	在等待名单预估存活天数模型里，如该值缺失或过期，将赋值 0.1mg/dL；在术后一年预估存活天数模型里，如该值缺失或过期，将赋值 18 岁或以上等待者的血清肌酐为 40mg/dL，或赋值 <18 岁等待者的血清肌酐为 0mg/dL。	6 个月
9	糖尿病	如当前值缺失或过期，将认为等待者未患糖尿病。	6 个月
10	最大肺活量（FVC,%）	第四类诊断的等待者的最大肺活量为缺失或过期，将赋值 150%。	6 个月
11	功能状态	在等待名单预估存活天数模型里，如该值缺失或过期，将赋值等待者肺部功能完整不需要器械辅助；在术后一年预估存活天数模型里，如该值缺失或过期，将赋值等待者需要部分或者完整的器械辅助。	6 个月
12	静息时吸氧量	在等待名单预估存活天数模型里，如该值缺失或过期，将认为等待者不需要吸氧；在术后一年预估存活天数模型里，如该值缺失或过期，将认为等待者的吸氧量为 26.33L/min。	6 个月
13	PCO_2	当前值缺失、过期或小于 40mmHg，将赋予 PCO_2 为 40mmHg	6 个月
14	肺动脉收缩压	当前值缺失或小于 20mmHg，将赋予肺动脉收缩压为 20mmHg。	长期
15	6 分钟行走距离	在等待名单预估存活天数模型里，如该值缺失或过期，将认为等待者 6 分钟行走距离为 1219 米；在术后一年预估存活天数模型里，如该值缺失或过期，将认为等待者 6 分钟行走距离为 0 米。	6 个月

关于建立人体捐献器官转运绿色通道的通知

国卫医发〔2016〕18 号

各省、自治区、直辖市卫生计生委、公安厅（局）、交通运输厅（委）、民航各地区管理局、各运输航空公司、各机场公司，民航局空管局、运行监控中心，铁路总公司所属各单位、红十字会，新疆生产建设兵团卫生局、公安局、红十字会：

为提高人体器官获取与分配效率，规范人体捐献器官转运工作，畅通人体捐献器官转运流程，减少器官浪费，经研究，决定建立人体捐献器官转运绿色通道。现将有关工作通知如下：

一、建立人体捐献器官转运绿色通道

人体捐献器官转运绿色通道是指人体器官获取组织（Organ Procurement Organization，以下简称 OPO）获取人体捐献器官后，为缩短器官运输时间，在保障安全的前提下采取的快速、有序的人体捐献器官转运措施。主要包括以下几种情况：

（一）快速通关。

OPO 通过公路转运人体捐献器官时，优先通过收费公路收费站。到达机场、车站后，OPO 工作人员优先办理乘机、乘车手续，并优先通过安全检查，实现快速登机或乘车。

（二）优先承运。

通过民航飞机运输时，如出现飞机晚点或流量控制等情况，民航部门可协调承运人体捐献器官的航班优先起飞，误点时优先安排临近航班。

通过铁路运输时，如出现误点情况，铁路部门可优先安排临近车次，必要时可登车后补票。

二、建立人体捐献器官转运绿色通道工作机制

各有关部门和单位要以解决制约人体捐献器官转运中的突出瓶颈问题为导向，规范和畅通转运流程，形成制度性安排，提高转运效率，保障转运安全，减少因运输原因造成的器官浪费。

（一）建立协调机制。

国家卫生计生委会同公安部、交通运输部、民航局、铁路总公司、中国红十字会总会等有关部门和单位建立人体捐献器官转运绿色通道的协调机制，统筹协调并指导落实相关工作，设立人体捐献器官转运绿色通道24小时应急电话（见附件1），落实工作要求，保障人体捐献器官转运绿色通道便捷、畅通。

（二）明确各方职责。

卫生计生行政部门负责制定人体捐献器官运输技术规范与标准，统一移植中心器官接收确认文件。

公安部门负责依法保障运送人体捐献器官的救护车优先通行。

交通运输部门负责保障便捷、快速通过收费公路收费站。

民航部门负责保障运送人体捐献器官的人员优先安检、快速登机，协调承运人体捐献器官的航班班次，遇拥堵或流量控制时优先放行。

铁路部门负责保障火车站安检快速过检、乘车，协调列车车

次，必要时登车后补票。

红十字会负责协助人体捐献器官运输，提供人体器官运输专用标志。人体器官运输专用标志由各省级卫生计生行政部门和红十字会向中国人体器官捐献管理中心申领后向辖区内 OPO 提供。

OPO 工作人员根据实际需要向交通运输、民航、铁路部门提出人体捐献器官转运绿色通道申请，提供行程安排及相关证明材料，承担人体捐献器官运输安全的主体责任。人体捐献器官承运方按规定核收运输服务费用，不承担人体器官捐献的保管及运输途中晚点等未知因素影响的责任。

（三）鼓励社会力量参与。

鼓励社会力量开展公益服务和慈善活动，提供运输工具运送人体捐献器官。探索通用航空公司及其他社会运输服务提供方参与人体捐献器官转运工作。

三、明确人体捐献器官转运流程

（一）一般流程。

OPO 工作人员在明确获取人体捐献器官时间后，根据实际需要，航空运输时应当将航班班次通过航空公司客服电话直接向其通报，铁路运输时应当将火车车次等信息通过人体捐献器官转运绿色通道 24 小时应急电话向有关单位通报。公路运输时应当优先使用救护车运输，经过收费公路收费站时可优先通过。到达机场、车站后，OPO 工作人员优先办理乘机、乘车手续，并优先通过安全检查，实现快速登机或乘车。

通关时，OPO 工作人员应当携带移植中心器官接收确认书（见附件 2），人体捐献器官运输箱应当在箱外显著位置张贴人体器官运输专用标志（见附件 3）。检查人员认为有必要的，可拨打国家卫生计生委人体捐献器官转运绿色通道 24 小时应急电话查验相关信息，并留存移植中心器官接收确认书副本。人体捐献器官运输箱应当接受 X 射线行李安检仪器设备的检查，无疑点的可不再进行开箱检查。器官运输箱内含有航空、铁路部门禁止或限制携带物品的，应当事先取得航空、铁路部门的同意；含有保存人体捐献器官所必须的液态物品的，不受液态物品航空、铁路运输条件的限制，但均应满足存储和运输安全要求。OPO 工作人员及其行李物品（人体捐献器官运输箱除外）按照正常程序接受民航、铁路安全检查。

（二）应急流程。

1. 运送人体捐献器官的救护车遇有交通堵塞等情形，可依法使用警报器、标志灯具，在确保安全的前提下，不受行驶路线、行驶方向、行驶速度和信号灯的限制，其他车辆和行人应当让行。行使上述道路优先权仍无法通过的，可拨打 110、122 等当地报警电话求助。收费公路收费站拥堵，可通过人体捐献器官转运绿色通道 24 小时应急电话联系交通运输部门协调，保障优先通过。

2. OPO 工作人员预计不能及时到达机场，应当主动通过航空公司客服电话向其说明情况，由航空公司启动应急预案。在飞机起飞前到达机场的，由航空公司协调开通人体捐献器官绿色通道，快速办理登机手续、优先通过安检登机。在飞机起飞后到达机场的，由航空公司负责协调安排改签临近航班。航班延误时，除天气因素等不可抗力外，由航空公司协调承运人体捐献器官的航班优先起飞，尽量缩短人体捐献器官运输时间。遇航班满员，在捐献器官保存期限内无其他适宜航班，经协调 OPO 人员仍无法乘机的，经航空公司同意，可委托机组人员携带转运器官，必要时可通过航空货运运输，航空公司不承担人体捐献器官保管责任。

3. OPO 预计不能及时到达火车站，应当主动通过人体捐献器官转运绿色通道 24 小时应急电话联系铁路部门说明情况，启动应急预案。铁路部门协助 OPO 改签临近车次。如列车座位不足，可在铁路部门联系人协助下先登车后补票，确保 OPO 最快出发，尽量缩短人体捐献器官运输时间。

附件：1. 各有关部门人体捐献器官转运绿色通道 24 小时应急电话
   2. 移植中心器官接收确认书模板
   3. 人体器官运输专用标志

国家卫生计生委　　　　　　公安部
交通运输部　　中国民用航空局
中国铁路总公司　中国红十字会总会
2016 年 4 月 29 日

附件 1

各有关部门人体捐献器官转运绿色通道
24 小时应急电话

单位	具体负责部门	24 小时应急联系电话
国家卫生计生委	中国器官移植发展基金会	400 – 6686 – 836
交通运输部	交通运输部路网监测与应急处置中心	010 – 65292200
中国民用航空局	民航局运行监控中心	010 – 64012907
中国红十字会总会	中国人体器官捐献管理中心	010 – 65236997
铁路总公司	铁路总公司运输局	12306

附件 2

移植中心器官接收确认书模板

接收单位：×××医院

联系电话：×××××××××××　　通讯邮箱：×××××@
××.com

器官移植中心负责人：×××

联系电话：×××××××××　　通讯邮箱：×××××@××
×.com

　　兹证明×××××××××医院于 201×年×月×日×时×分
接受×××医院通过中国人体器官分配与共享计算机系统进行
器官匹配后所分配的 1 个×型血某器官（×××××），用于本中
心等待名单上的移植等待者×××（×××××××××，××证，
××××××××××××××××），并申明保证以下：

1. 遵守国务院第 491 号令《人体器官移植条例》及其他相关法律法规，严格遵守国家器官分配政策。

2. 如因特殊原因，上述器官（段）最终未能用于上述器官移植等待者时，将立即通知器官获取组织，双方依据相关规定，进行器官再分配或作合适处理。

3. 移植术后 72 小时内将接受者移除等待名单，并在双方协定的时间内向器官获取组织反馈接收者病史资料及术后恢复情况。

×××× 医院（签章）

（中心负责人/主治医生签名或单位盖章）

×××× 医院

联系人：×××

联系电话：××××××××××

通讯邮箱：××××@××.com

附件 3

人体器官运输专用标志

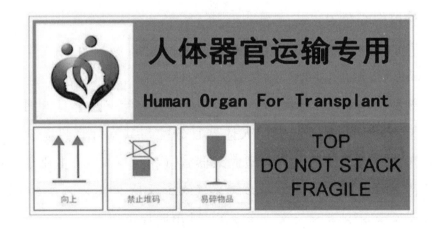

附录二

司法部、国家卫生健康委负责人就《人体器官捐献和移植条例》答记者问

2023 年 12 月 4 日，国务院总理李强签署第 767 号国务院令，公布《人体器官捐献和移植条例》（以下简称《条例》），自 2024 年 5 月 1 日起施行。日前，司法部、国家卫生健康委负责人就《条例》的有关问题回答了记者提问。

问：请简要介绍一下《条例》的出台背景。

答：人体器官捐献和移植是人间大爱善行，关系人民群众生命健康，关系生命伦理和社会公平，是国家医学发展和社会文明进步的重要标志。国务院 2007 年颁布的《人体器官移植条例》，对促进器官捐献和移植事业发展发挥了重要作用。近年来，器官捐献和移植工作面临一些新情况、新形势，如器官捐献数量虽快速增长，但仍不能满足临床移植需要，民法典、刑法修正案（八）等对器官捐献和移植作了一些新的规定，实践中形成的遗体器官获取和分配方面的经验做法需要总结上升为法律制度等。为了适应新的形势，总结实践经验，更好地保障器官捐献和移植事业健康发展，有必要修订《人体器官移植条例》。按照部署，司法部、国家卫生健康委在深入调查研究，广泛征求部门、医疗机构、专家等方面意见，向社会公开征求意见的基础上形成了《条例》修订草

案。2023 年 10 月 20 日，国务院常务会议审议通过该修订草案。

问：修订工作的总体思路是什么？

答： 修订工作坚持了以下总体思路：一是贯彻落实习近平总书记"人民至上、生命至上"的重要指示精神，切实增进人民健康福祉；二是遵循世界卫生组织提出的获得同意、禁止器官买卖、公平分配器官等指导原则；三是适应形势发展，有针对性地完善制度；四是总结实践经验，加强器官捐献和移植全流程管理。

问：《条例》在进一步推动器官捐献方面作了哪些规定？

答： 器官捐献是挽救垂危生命、弘扬人间大爱的高尚事业。《人体器官移植条例》施行以来，我国器官捐献数量快速增长，近年来每年器官捐献的数量居世界第 2 位。与此同时，随着经济社会发展和医疗水平的提升，我国每年需要移植器官的患者也在不断增加，捐献的器官还不能满足临床移植需要。《条例》规定了多项措施，进一步推动器官捐献工作，挽救更多的患者。一是将条例名称改为《人体器官捐献和移植条例》，进一步凸显器官捐献的重要性。二是坚持自愿、无偿原则，依据民法典进一步完善器官捐献的条件和程序，严禁器官买卖。三是强化对器官捐献的褒扬和引导。加强宣传教育和知识普及，培育有利于器官捐献的社会风尚；鼓励捐献遗体器官，开展遗体器官捐献人缅怀纪念活动；规定患者的配偶、直系血亲等亲属曾经捐献遗体器官的，申请器官移植手术时，同等条件下优先排序。四是推动器官捐献工作体系建设，依据红十字会法细化红十字会在器官捐献工作中的职责，加强器官捐献组织网络和协调员队伍的建设和管理。

问：《条例》在完善器官获取和分配制度方面作了哪些规定？

答： 器官获取和分配是器官捐献和移植流程中的重要环节。随着工作的开展，器官获取和分配的工作体系逐步完善，部分医疗机构组建了专业化的器官获取组织开展遗体器官获取服务，制定了相关技术标准和管理规范，启用中国人体器官分配与共享计算机系统自动分配遗体器官，建立了遗体器官运送绿色通道。《条例》总结实践经验，完善了器官获取和分配制度，加强全流程、可溯源管理。一是规定医疗机构从事遗体器官获取应当具备的条件，要求省级政府卫生健康部门确定从事遗体器官获取的医疗机构，划定其提供遗体器官获取服务的区域；规定各级医疗机构发现符合捐献条件且有捐献意愿的潜在遗体器官捐献人后，应当向负责提供其所在区域遗体器官获取服务的医疗机构报告。二是细化获取器官前的伦理审查要求，并规定获取遗体器官应当经 2 名以上器官捐献协调员见证。三是完善遗体器官分配制度。规定遗体器官分配应当符合医疗需要，遵循公平、公正、公开原则，通过国家卫生健康委建立的分配系统统一分配。要求医疗机构在系统中如实录入相关医学数据，执行系统分配结果。要求国家卫生健康委定期公布遗体器官捐献和分配情况，接受社会监督。四是要求国家卫生健康委等部门建立遗体器官运送绿色通道工作机制，确保高效、畅通运送遗体器官。

问：《条例》在加强器官移植技术应用管理方面作了哪些规定？

答： 器官移植不同于一般的医疗技术，医疗风险较大。《条例》进一步加强器官移植技术应用管理，保障医疗质量。一是明确医疗机构和执业医师从事器官移植应当具备的条件，严格准入管理，并进一步规范资质审批流程，提升审批质效。二是要求省级以上政府卫生健康部门建立器官移植质量管理和控制制度，定期对医疗机构的器官移植技术临床应用能力进行评估，对评估不合格的，注销其器官移植资质。三是规定医疗机构及其医务人员进行器官移植应当遵守伦理原则和技术临床应用管理规范，对器官移植的风险进行评估，并采取措施降低风险，保障医疗质量。四是规定器官移植手术的收费范围，对遗体器官获取服务按照成本收费，要求制定遗体器官获取成本费用的收费原则和标准，加强财务管理。

问：《条例》在完善法律责任方面作了哪些规定？

答：《条例》完善了法律责任制度，加大处罚力度，严厉打击器官捐献和移植领域的违法行为。一是依据刑法修正案（八）补充应追究刑事责任的情形，加强行政执法与刑事司法的衔接。二是提高原有的罚款数额，并结合器官获取、分配方面新增的管理要求，增设罚款处罚。三是加大行业禁入处罚力度，综合采用吊销许可证、一定时间直至终身禁止从事相关活动等处罚，将严重违法者逐出器官捐献和移植领域。

问：下一步为贯彻实施《条例》将开展哪些工作？

答：为做好《条例》的贯彻实施，下一步将重点开展以下工作：一是大力开展普法宣传。广泛宣传器官捐献和移植是人间大爱善行，倡导公众积极参与遗体器官捐献，挽救更多患者的生命。在系统内开展宣传培训，组织各级卫生健康部门、红十字会，参与器官获取和移植的医疗机构、医务人员，器官捐献协调员等学习贯彻《条例》规定，进一步促进和规范器官捐献和移植工作。二是及时修改完善有关配套文件，将《条例》的规定落实落细。

三是加强信息系统建设。完善中国人体器官捐献志愿登记管理系统，方便公众登记捐献意愿；完善中国人体器官分配与共享计算机系统，健全信息化监管工作机制，保障遗体器官科学公平公正分配。

完善工作体系　优化工作机制
人体器官捐献和移植事业迈上新台阶 *

黄洁夫

人体器官捐献和移植工作，关系人民群众生命健康，关系生命伦理，关乎社会公平正义，是国家医学发展和社会文明进步的重要标志。2007 年，国务院颁布《人体器官移植条例》，对规范和促进器官捐献和移植事业发展发挥了重要作用。我国逐步形成了符合我国国情、文化和伦理，涵盖器官捐献、获取与分配、移植临床服务、移植质量控制、监管五个方面的工作体系。时隔 16 年，在总结实践经验的基础上，国务院对《人体器官移植条例》进行了修订，新颁布的《人体器官捐献和移植条例》（以下简称《条例》）将于 2024 年 5 月 1 日起施行。此次修订，明确了器官捐献和移植工作要坚持"人民至上、生命至上"的原则，全面完善了器官捐献和移植制度，标志着我国器官捐献和移植事业迈上了新台阶，进入了新的发展阶段。

一、器官捐献体系方面

2007 年《人体器官移植条例》颁布时，我国遗体器官捐献实践经验不多，虽将器官捐献单列一章，但仅有 4 条与器官捐献有关

---

* 黄浩夫，中国人体器官捐献与移植委员会主任委员。

268

的规定。本次修订不仅将条例名称改为《人体器官捐献和移植条例》，以进一步凸显器官捐献的重要性，还将器官捐献这一章由 4 条增加到 7 条，内容大大扩充。《条例》规定器官捐献要坚持自愿、无偿的原则，依据民法典完善了器官捐献的条件和程序；规定国家加强器官捐献的宣传教育和知识普及，新闻媒体应当开展器官捐献的公益宣传，以此促进形成有利于器官捐献的社会风尚；规定国家鼓励遗体器官捐献，强化褒扬和引导。

《条例》也进一步明确了红十字会在器官捐献工作中的职责。根据《条例》第五条的规定，各级红十字会依法参与、推动器官捐献工作，开展器官捐献的宣传动员、意愿登记、捐献见证、缅怀纪念、人道关怀等工作，加强器官捐献组织网络、协调员队伍的建设和管理。相较《人体器官移植条例》中"各级红十字会依法参与人体器官捐献的宣传等工作"的规定，红十字会工作职责的内容更加丰富。

二、器官获取与分配体系方面

这次修订新增了一些关于器官获取与分配的内容，是《条例》的亮点之一。《人体器官移植条例》对器官获取与分配规定得较为简略，经过不断努力，我国的器官获取与分配体系逐步建立完善。2013 年，原国家卫生计生委印发《人体捐献器官获取与分配管理规定（试行）》，2019 年修订为《人体捐献器官获取与分配管理规定》，成立了 109 个器官获取组织（OPO）并划定其提供服务的区域，启用中国人体器官分配与共享计算机系统（COTRS）科学、公平分配遗体器官。

《条例》在总结多年来实践经验的基础上，进一步完善器官获取与分配制度，以法规的形式固定经验做法，加强器官获取与分配全程管理。一是在医疗机构内成立获取遗体器官的专门部门，划定其提供服务的区域，实行按划定的区域提供遗体器官获取服务。二是建立潜在遗体器官捐献人信息报告制度，要求各级医疗机构发现符合捐献条件且有捐献意愿的潜在遗体器官捐献人后，主动向负责提供其所在区域遗体器官获取服务的医疗机构报告。三是规范遗体器官分配。遗体器官必须通过国家卫生健康委建立的分配系统进行统一分配，要求医疗机构在分配系统内如实录入信息，由系统自动匹配接受者，杜绝人为干预，保障分配的科学、公平、公正。

三、器官移植临床服务体系方面

目前，我国共有器官移植医疗机构 188 家，其中，肝脏移植 118 家，肾脏移植 149 家，心脏移植 76 家，肺脏移植 60 家，胰腺移植 50 家，小肠移植 45 家。2022 年，完成器官移植手术 2 万余例，数量位居全球第二、亚洲第一。在取得上述成绩的同时，我国器官移植临床服务也存在着发展不平衡、不充分的问题。

《条例》针对这些问题，在资质准入、资源布局、人才队伍建设等方面进行了完善。一是严格器官移植医疗机构资质准入。明确医疗机构从事器官移植应当具备的条件，规定医疗机构从事器官移植，应当向国家卫生健康委提出申请，审查同意的由所在地省级政府卫生健康部门办理诊疗科目登记。这符合器官移植技术难度较高，需进一步强化准入管理的需要。二是优化器官移植临床服务资源布局。要求国家卫生健康委审查医疗机构器官移植资质申请时，考虑该医疗机构所在省（区、市）器官移植医疗需求、现有服务能力和器官捐献情况。三是加强人才队伍建设。要求从事器官移植的医疗机构配备相应的管理人员、执业医师和其他医务人员。对于实施器官移植手术的执业医师，要求具有相应的专业技术职务任职资格和临床工作经验，并经培训考核合格。通过严格要求，来确保器官移植医疗服务的水平和质量。

四、器官移植质量控制体系方面

器官移植医疗质量是关乎患者生命安危的大事，也是器官移植事业实现高质量发展的基础和前提。近年来，国家卫生健康委依托国家和各省（区、市）质控中心，构建起了"国家—省级—医院"的三级器官移植质控体系；2019 年国家卫生健康委印发了《人体器官获取组织质量控制指标》，2020 年印发了《人体器官移植技术临床应用管理规范（2020 年版）》和《肝脏、肾脏、心脏、肺脏移植技术医疗质量控制指标（2020 年版）》，构建了科学的质控指标体系；每年制定各器官移植专业质控工作改进目标，发布质控报告，不断规范器官获取和临床诊疗行为，促进器官获取与移植标准化、同质化。通过这些措施，器官移植质量实现有效提升，肝脏平均无肝期降至 47．2 分钟，肾脏移植和心脏移植术后生存率不断提高，肺脏移植围手术期并发症发生率和死亡率明显降低。

《条例》从法规层面明确，医疗机构从事遗体器官获取和器官移植都必须建立完善的质量管理和控制制度。同时，《条例》建立了器官移植医疗质量的动态评估机制，保障医疗质量。一是建立器官获取、移植病例登记报告制度，要求医疗机构如实且及时上报器官获取和移植临床数据。二是要求省级以上政府卫生健康部门建立器官移植质量管理和控制制度，定期对医疗机构的器官移植技术临床应用能力进行评估，对评估不合格的医疗机构注销其器官移植资质。

五、器官捐献和移植监管体系方面

此次修订加强了对器官捐献和移植的全流程监管，确保当事人的权益得到保障。一是加强了对器官捐献真实意愿的审查。要求人体器官移植伦理委员会对器官捐献意愿是否真实、有无买卖或者变相买卖器官的情形进行审查，确保器官捐献真实合法。二是规定了开展遗体器官获取服务应当遵守的管理要求，并规定获取遗体器官要在两名以上器官捐献协调员的见证下进行，以确保遗体器官获取的合法合规。三是规定了器官移植手术收费范围，对遗体器官获取服务按照成本收费，要求制定遗体器官获取成本费用的收费原则和标准，加强财务管理。四是加强了对器官获取和移植技术应用的监管。《条例》实现了对器官捐献、获取、分配、移植的全流程监管，保护当事人的权益。

《条例》的出台，是器官捐献和移植事业发展进程中的一个重要里程碑。《条例》进一步加强了对五个工作体系的顶层设计，理顺了工作机制，构建起科学化、法治化、规范化的管理体系，对推动器官捐献和移植事业健康可持续发展具有重要意义。

明确职责定位　完善法治保障
推动人体器官捐献事业高质量发展[*]

申卫星

《人体器官移植条例》自 2007 年施行以来，对促进器官捐献和移植工作发展发挥了重要作用。此次将《人体器官移植条例》修订为《人体器官捐献和移植条例》（以下简称《条例》），彰显了党和国家对器官捐献的高度重视，进一步明确了红十字会的职责定位，总结固化了实践中的成熟经验，为器官捐献事业高质量发展提供了有力的法治保障。

一、彰显党和国家高度重视

器官捐献和移植是挽救垂危生命、服务医学发展、弘扬人间大爱、彰显社会文明的高尚事业，关乎人民群众生命健康，关系生命伦理和社会公平。此次修订，认真贯彻落实习近平总书记"人民至上、生命至上"的重要指示精神，遵循世界卫生组织提出的获得同意、禁止器官买卖、公平分配器官等指导原则，坚持自愿、无偿原则，切实加强器官捐献和移植全流程管理。

此次修订，不仅条例的名称增加了"捐献"，而且较大幅度地扩充了器官捐献相关条文，明确提出"国家建立人体器官捐献和

---

* 申卫星，清华大学法学院教授。

移植工作体系"，"国家加强人体器官捐献宣传教育和知识普及"，
"国家鼓励遗体器官捐献"等，充分体现了对器官捐献工作的高度
重视。《条例》规定"县级以上人民政府卫生健康部门负责人体器
官捐献和移植的监督管理工作"，"县级以上人民政府发展改革、
公安、民政、财政、市场监督管理、医疗保障等部门在各自职责范
围内负责与人体器官捐献和移植有关的工作"，"新闻媒体应当开
展人体器官捐献公益宣传"等，强调部门协作和社会参与，为加
大器官捐献工作宣传力度、广泛动员社会力量参与、培育有利于
器官捐献的社会氛围等营造了良好的制度环境。

二、明确红十字会职责定位

红十字会是从事人道主义工作的社会救助团体，以保护人的
生命和健康，维护人的尊严，发扬人道主义精神，促进和平进步
事业为宗旨。中国红十字会有遍布全国的组织网络体系，有多年
参与推动无偿献血和造血干细胞捐献的工作经验，有众多的会员
和志愿者，是党和政府在人道领域的助手和联系群众的桥梁纽带。
红十字会参与、推动器官捐献工作，符合红十字会的宗旨，是
《中华人民共和国红十字会法》赋予的法定职责，是器官捐献和移
植"中国模式"的重要内容。

2007年，国务院颁布《人体器官移植条例》，规定各级红十字
会依法参与器官捐献的宣传等工作。2012年，中央编办批复中国
红十字会总会成立中国人体器官捐献管理中心，明确了中心的工
作职责。2017年，全国人大常委会修订《中华人民共和国红十字
会法》，将参与、推动遗体和人体器官捐献工作写入红十字会的法
定职责。此次修订，依据《中华人民共和国红十字会法》进一步
细化和明确了红十字会在器官捐献工作中的职责，规定"红十字

会依法参与、推动人体器官捐献工作，开展人体器官捐献的宣传动员、意愿登记、捐献见证、缅怀纪念、人道关怀等工作，加强人体器官捐献组织网络、协调员队伍的建设和管理"，进一步保障和规范各级红十字会依法开展器官捐献相关工作，将有力促进中国特色红十字事业高质量发展。

三、固化成熟经验做法

《人体器官移植条例》颁布以来，特别是 2010 年原卫生部委托红十字会开展器官捐献工作以来，在党和政府的领导下，在卫生健康等相关部门的大力支持下，各级红十字会积极参与、推动器官捐献工作，探索出一条既遵循世界卫生组织指导原则又符合中国国情和文化、由红十字会作为第三方参与、具有鲜明中国特色的器官捐献之路，建立起覆盖全国的器官捐献工作体系。30 个省级红十字会成立了器官捐献管理机构，建立了 2500 余人的协调员队伍，建成 210 余处捐献者缅怀纪念场所，打造出"一个人的球队""一个人的乐队"等一批贴近群众、感染力强、宣传效果好的公益宣传品牌。截至目前，中国人体器官捐献志愿登记管理系统累计登记捐献意愿人数已达 659 万，"中国人体器官捐献"微信公众号关注人数超过 530 万。

《条例》依据民法典完善了器官捐献的条件和程序，将许多实践证明行之有效的经验做法固化上升为法规制度，进一步优化器官捐献的工作机制。《条例》规定"公民可以通过中国红十字会总会建立的登记服务系统表示捐献其遗体器官的意愿"，进一步畅通公众表示捐献意愿的途径；规定"红十字会向遗体器官捐献人亲属颁发捐献证书，动员社会各方力量设置遗体器官捐献人缅怀纪念设施"，"定期组织开展遗体器官捐献人缅怀纪念活动"等，进一步体现了对捐献人的尊重和褒扬;规定"接到通知的红十字会应当及时指派2名以上人体器官捐献协调员对遗体器官获取进行见证",明确协调员的见证职责。

综上,《条例》的出台将对进一步完善器官捐献"中国模式",规范器官捐献和移植工作,推动我国器官捐献和移植事业健康有序高质量发展发挥重要作用。

创新发展理念　保障科学公平
推动人体器官获取与分配体系法治化建设[*]

叶启发

移植器官来源不足是世界各国目前都面临的问题。器官移植等待者远远多于可供移植的器官，使得捐献器官专业化、规范化获取和科学、公平分配成为广受关注的问题。经过多年不懈努力，我国已建成符合世界卫生组织《人体细胞、组织和器官移植指导原则》等国际通行原则的器官获取与分配制度体系。2013 年启用中国人体器官分配与共享计算机系统自动分配捐献的遗体器官，有效保障了器官分配的科学、公平、公正、公开。2021 年成立国家人体捐献器官获取质量控制中心，规范捐献器官获取质量管理，切实提升器官捐献与移植质量。

新颁布的《人体器官捐献和移植条例》（以下简称《条例》）将原来部门规范性文件中规定的一些关于器官获取与分配管理的规定上升为行政法规，为加强器官获取与分配管理提供了法治保障，器官获取与分配体系建设必将更加法治化、专业化、科学化，器官捐献与移植事业也必将更加公平、更可持续、更高质量发展，人民群众健康权益将得到进一步维护。

---

* 叶启发，国家人体捐献器官获取质量控制中心主任，武汉大学肝胆疾病研究院院长，武汉大学中南医院教授。

一、明确器官获取与分配机制，建立高效透明公平的器官获取与分配体系

器官获取与分配是从器官捐献到器官移植的关键环节。《条例》对器官获取与分配管理作出详细规定，明确了省级政府卫生健康部门的监管职责、医疗机构从事遗体器官获取的具体条件、进行器官分配的原则以及医疗机构报告器官捐献信息的有关要求。同时，在现有伦理审查的基础上，进一步完善伦理审查制度，明确人体器官移植伦理委员会的组成、伦理审查程序和内容等事项。此外，《条例》规定了医疗机构遗体器官获取成本费用及财务管理的内容，提高器官移植服务可及性，维护器官捐献公益性。器官获取与分配管理进一步法治化、规范化、专业化，有助于建立更加高效透明公平的器官获取与分配体系。

二、建立器官获取质控制度，明确器官获取质控管理要求

器官获取质量管理与控制是器官捐献与移植质量管理必不可少的一部分，对于提高捐献器官质量具有重要作用。随着器官获取与分配体系的进一步完善，加强器官获取质量管理与控制意义重大。《条例》在医疗机构从事遗体器官获取的条件中纳入了遗体器官获取管理人员、设施设备、制度建设以及技术能力评估等有关内容，要求遗体器官获取部门采取独立于器官移植科室的架构设置，并提出了对捐献人和获取的器官进行医学检查、开展移植风险评估等要求。

三、出台器官捐献激励政策，明确遗体器官捐献人亲属分配优先权

2010年，原卫生部印发了《中国人体器官分配与共享基本原

则和肝脏与肾脏移植核心政策》。2018 年，国家卫生健康委将其修订形成了《中国人体器官分配与共享基本原则和核心政策》，其中将给予遗体器官捐献人亲属器官分配优先权作为一项鼓励器官捐献的激励机制。本次修订通过法规形式将其固定下来。《条例》在严格遵循公平、公正和公开原则的基础上，规定了遗体器官捐献人亲属在器官移植等待者名单上的优先权，规定"患者申请人体器官移植手术，其配偶、直系血亲或者三代以内旁系血亲曾经捐献遗体器官的，在同等条件下优先排序"，有助于推动社会对器官捐献的理解和支持，提升器官捐献的积极性，提高器官捐献率，缓解器官短缺问题，为器官捐献与移植事业的高质量发展提供坚实的基础。

四、保障科学公平公正公开，强化遗体器官分配监督管理

遗体器官分配系统严格遵循器官分配政策，以患者病情紧急程度和供受者匹配程度等国际公认的客观医学指标对患者进行排序，由计算机自动分配器官。这有助于杜绝主观因素干预和不公平的分配，确保遗体器官分配的公平、公正和可溯源性，同时为公众对器官捐献的信任奠定了基础。

《条例》明确规定，"遗体器官应当通过国务院卫生健康部门建立的分配系统统一分配"，"从事遗体器官获取、移植的医疗机构应当在分配系统中如实录入遗体器官捐献人、申请人体器官移植手术患者的相关医学数据并及时更新，不得伪造、篡改数据"，并要求"医疗机构及其医务人员应当执行分配系统分配结果"，不得"使用未经分配系统分配的遗体器官或者来源不明的人体器官实施人体器官移植"。这一系列规定，对器官分配流程、关键环节及分配结果的应用均提出了明确的规范和要求。

五、完善遗体器官分配监督措施，明确法律责任

《条例》划定了遗体器官分配的红线，为打击违法违规行为、维护捐献人和移植等待者的合法权益提供了法律依据，是对包括医疗机构及其工作人员在内的参与器官捐献和移植各主体的刚性约束，有助于规范器官分配，促进我国器官捐献与移植工作健康、可持续发展。同时，《条例》规定，"国务院卫生健康部门应当定期公布遗体器官捐献和分配情况"，主动接受社会监督，提高公众对器官捐献与移植领域的了解，鼓励更多的群众参与遗体器官捐献，挽救更多的患者。

强化管理　开拓创新
推动器官移植技术能力水平持续提升[*]

董家鸿

器官移植技术被称为"医学皇冠上的明珠"，是医疗行业中专业性很强的一项技术。我国不断加强器官移植临床服务体系建设，优化医疗资源布局，器官移植技术能力和质量已经达到国际先进水平。新颁布的《人体器官捐献和移植条例》（以下简称《条例》），对器官移植技术准入和管理等作了明确规定，对于推动器官移植技术推广应用和能力提升，具有重要意义。

一、不断提升，器官移植技术临床应用服务取得显著成绩

近年来，我国不断提高器官移植技术能力和水平，增加器官移植技术资源并优化布局，器官移植技术可及性明显提升。一是器官移植服务能力逐步提升。目前，我国共有器官移植医疗机构188家，其中，肝脏移植118家，肾脏移植149家，心脏移植76家，肺脏移植60家，胰腺移植50家，小肠移植45家。2022年，完成器官移植手术2万余例，数量位居全球第二、亚洲第一。二是器官移植技术水平不断提高，国际上开展的器官移植技术我国均能开展，一些技术已达到国际先进水平。例如，肝脏移植技术方

---

　*　董家鸿，中国工程院院士，清华大学临床医学院院长，北京清华长庚医院院长。

面，无缺血肝脏移植等技术实现突破，达到国际先进水平；肾脏移植技术方面，儿童肾脏移植技术达到国际领先水平，已累计完成儿童肾脏移植 4000 余例；心脏移植技术方面，单中心心脏移植临床服务能力已居世界前列，2022 年我国有 2 家心脏移植医疗机构心脏移植例数超过了 100 例；肺脏移植技术方面，肺脏移植患者的围手术期及中长期生存率达到了国际水平。三是器官维护和获取技术能力得到不断提升。将 ECMO 相关技术应用于器官维护，大大保护了器官功能，提高了器官利用率。研发了具有自主知识产权的器官保存液，并已临床应用。同时，积极研发器官体外机械灌注修复技术和设备，与国际保持同步。

二、优化布局，推动优质器官移植医疗资源扩容

器官移植不同于一般的医疗技术，其医疗风险、伦理风险较大，因此《条例》对器官移植医疗机构实施严格的准入管理。《条例》规定了器官移植医疗机构的条件，并明确规定，审查医疗机构的申请，除审查医疗机构的条件外，还应当考虑其所在省、自治区、直辖市器官移植的医疗需求、现有服务能力和器官捐献情况。当前，我国器官移植技术能力发展还存在不平衡、不充分的问题。区域层面，器官移植医疗机构分布不均，三分之二的器官移植医疗机构位于东部地区。学科层面，心脏、肺脏移植学科发展较为缓慢，具备心脏、肺脏移植能力的医疗机构及其开展的手术数量较少。这就要求省级政府卫生健康部门根据当地器官移植医疗需求、移植技术和人才队伍水平、医疗机构管理能力等因素，确定发展规划进行合理布局。在推动区域均衡布局的同时，也要考虑优质资源的扩容，支持具有较强综合医疗能力、成熟开展器官移植技术、具备较强管理能力的医疗机构新增器官移植项目，

提高器官移植服务的可及性。

此外，在资质准入审批方面，《条例》也进一步明确了审批流程，规定医疗机构从事器官移植，应当向国务院卫生健康部门提出申请，国务院卫生健康部门应当自受理申请之日起5个工作日内组织专家评审，于专家评审完成后15个工作日内作出决定并书面告知申请人；审查同意的，由所在地省级政府卫生健康部门办理器官移植诊疗科目登记，在执业许可证上注明获准从事的器官移植诊疗科目。

三、强化监管，加强器官移植医师人才队伍建设

开展器官移植的医师需要具备特定条件和能力。当前，全国共有2000余名器官移植医师，与人民群众的器官移植服务需求相比还有一定差距，需要进一步加强器官移植医师的人才队伍建设。2016年，原国家卫生计生委明确了器官移植医师执业资格认定的标准、流程和监督管理要求，建立了器官移植医师培训体系，明确了器官移植医师培训基地的基本条件和培训的组织形式、内容、考核标准等。《条例》将前期经实践检验的成熟做法吸纳上升为法律制度，明确提出从事器官移植的医师应当具备相应的专业技术职务任职资格和临床工作经验，经培训并考核合格，要求省级政府卫生健康部门组织开展认定，并在执业证书上注明。

四、规范管理，推动活体器官移植稳步发展

活体器官移植是在遗体器官捐献无法满足临床移植需要的情况下采取的一种补充措施，主要是肝脏、肾脏移植，其中活体肝脏移植主要适用于儿童患者。近年来，在严格管理的基础上，我国活体器官移植步入了稳步发展的轨道。目前活体器官移植技术

已在全国普及，获得肝脏移植资质的 118 家医疗机构和肾脏移植资质的 149 家医疗机构大都具备开展此项技术的能力，活体器官移植手术成功率与移植器官生存率均达到国际先进水平。《条例》规定，任何组织或者个人不得获取未满 18 周岁公民的活体器官用于移植，活体器官的接受人限于活体器官捐献人的配偶、直系血亲或者三代以内旁系血亲。将活体器官捐献的接受人范围严格限定在捐献人的亲属，有利于防止出现买卖或者变相买卖器官的情况，维护人民群众的健康权益。

五、持续创新，促进器官移植技术能力突破

技术创新是器官移植事业发展的基础和前提。经过数十年的发展，我国的器官移植技术已经逐步成熟，一批国际领先的技术实现了突破，形成了"中国方案"。例如，无缺血器官移植技术通过体外多器官修复系统，为离体器官创造接近生理状态的灌注压、温度、氧合和营养支持，实现多器官在离体状态下长时间保持功能和活力，从而提高器官移植疗效和器官利用率。下一步，要继续加大创新力度，推动器官移植技术不断创新和发展，提高器官移植的成功率，提升患者的生活质量。

全链条夯实质量管理　筑牢器官移植生命线[*]

郑树森

器官移植是挽救器官衰竭患者最后的救治手段。如何筑牢器官移植生命线，保障人民群众生命健康权益？最好的答案便是坚持以人民为中心的理念，夯实器官捐献和移植的全链条质量管理。《人体器官捐献和移植条例》（以下简称《条例》）贯彻人民至上、生命至上的理念，加强质量管理，这不仅体现在有完善的质量管理和控制制度等条文中，更体现在器官捐献与移植全链条管理中。

一、加强器官获取质量管理，在质的提升中实现量的增长

2007 年《人体器官移植条例》施行以来，我国器官捐献数量快速上升。目前我国年器官捐献量居亚洲第一、世界第二。捐献器官的质量直接决定了器官移植患者术后恢复情况，持续保障捐献器官质量尤为重要。2016 年我国建立了捐献器官转运绿色通道，器官转运时间缩短 1—1.5 个小时，器官平均冷缺血时间不同程度下降，以时间保质量，为捐献器官质量提供了保障，提升了捐献器官利用率，为挽救更多垂危生命提供了有力支撑。我国还通过加强人体器官获取组织（OPO）规范化管理，促进器官获取质量

---

　　* 郑树森，中国工程院院士，国家肝脏移植质量控制中心主任，浙江大学医学院附属第一医院肝胆胰外科、器官移植中心学科带头人。

提升。2019 年国家卫生健康委印发《人体器官获取组织基本要求》和《人体器官获取组织质量控制指标》，建立健全器官获取质量管理体系，实行全流程质量控制，建立器官获取标准流程，制定器官获取技术要求，记录分析评估相关数据。国家人体捐献器官获取质量控制中心根据质量控制指标对人体器官获取组织实际运行绩效进行评估，省级政府卫生健康部门对人体器官获取组织服务区域进行动态调整，不断提升人体器官获取组织服务能力与效率，促进器官捐献，保障捐献器官质量。

《条例》总结近年来器官获取管理的实践经验，在条文中规定了医疗机构从事遗体器官获取的条件，并对规范遗体器官获取技术应用提出要求。《条例》的施行将对促进器官捐献，保证捐献器官质量，维护器官移植患者健康权益起到十分重要的作用。

二、完善器官移植质控体系，在规范发展中提升服务质量

近年来，我国一直高度重视器官移植质量管理，不断完善器官移植质量管理体系建设，提升器官移植手术质量。2006 年原卫生部印发《肝脏、肾脏、心脏、肺脏移植技术管理规范》，为器官移植技术规范管理打下良好基础。之后我国成立国家肝脏、肾脏、心脏、肺脏 4 个器官移植质量控制中心，将器官移植质量管理纳入全国医疗质量管理与控制体系，各省（区、市）相继成立省级质控中心，构建起"国家—省级—医院"的三级器官移植质控体系，促进各器官移植医疗机构临床诊疗同质化，不断改进器官移植质量，提高器官移植能力水平。

《条例》将近年来卓有成效的器官移植质量管理经验吸纳转化为法律制度，通过法规形式固化发展成果。一方面在医疗机构从事器官移植的准入条件中提出明确的质量管理要求，要求医疗机

构"有完善的人体器官移植质量管理和控制等制度"。另一方面要求卫生健康部门建立器官移植质量管理制度，动态评估器官移植医疗机构，建立退出机制，规定"省级以上人民政府卫生健康部门应当建立人体器官移植质量管理和控制制度，定期对医疗机构的人体器官移植技术临床应用能力进行评估，并及时公布评估结果；对评估不合格的，国务院卫生健康部门通知原登记部门注销其人体器官移植诊疗科目登记"。《条例》的施行将进一步加强器官移植医疗机构资质管理，完善有进有出的准入退出机制。

三、健全登记报告制度，依托监管平台实现信息化全链条闭环管理

我国高度重视器官移植数据报告和管理，2007年施行的《人体器官移植条例》规定"从事人体器官移植的医疗机构应当定期将实施人体器官移植的情况向所在地省、自治区、直辖市人民政府卫生主管部门报告"。国家先后成立了肝脏、肾脏、心脏、肺脏4个器官移植数据中心，收集分析器官移植数据，为器官移植质量控制提供数据支撑，并在此基础上成立了器官移植质控中心。中国人体器官分配与共享计算机系统（COTRS）和人体组织器官移植与医疗大数据中心也相继建立，为实现器官捐献与移植闭环管理进一步提供支撑。2019年国家卫生健康委印发《人体器官捐献与移植数据管理办法》，持续完善器官捐献与移植数据上报和管理。近年来，国家通过覆盖全国的多维度、标准化器官捐献与移植数据收集登记与共享平台，开展大数据信息化监管，不断完善器官捐献与移植全链条管理模式。

《条例》规定，"国家建立人体器官获取、移植病例登记报告制度"，将实践成果法制化，并明确了未按规定报告器官获取、移

植实施情况的法律责任，进一步强化报告制度的落实。《条例》的施行将进一步强化刚性约束，加强信息化全链条闭环管理。

　　《条例》的出台是我国器官捐献和移植事业发展的里程碑，标志着我国器官捐献和移植事业进入了新阶段。我们相信，在人民至上、生命至上理念的引领下，在各方共同努力下，我国器官捐献和移植事业将进一步发展壮大，造福更多有需求的患者。